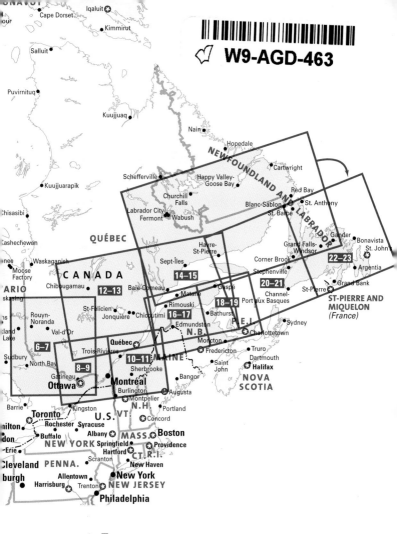

québec
road atlas + travel guide
atlas routier + guide du voyage

CONTENTS / *SOMMAIRE*

Travel Guide

The following 32 pages should help you maximize your on-the-road time. **Driving tours** for 5 areas of the province of Quebec, plus itineraries for Quebec's two major cities, highlight points of interest rated according to the **Michelin star system**:

★★★ **Highly recommended**
★★ **Recommended**
★ **Interesting**

In addition to the Atlas pages, **customized maps** in the Travel Guide complement the driving tours.

Abbreviations: E (east), S (south), N (north), SW (south-west), etc. Km (kilometers), Mi (miles), M (meters), Ft (feet), No. (street address number), NHS (National Historic Site of Canada).

Most tours include **Bed and Board**, a brief description of popular **restaurants** and interesting **places to stay** categorized by price. Price ranges for lodging reflect the average cost for a standard double room (2 people) per night in high season, not including tax. For restaurants, rates indicate the average cost of an appetizer, an entrée and dessert for one person, not including beverages, tax or gratuity.

Guide du voyage

*Les 32 pages suivantes vous aideront à profiter au mieux de vos voyages. Elles incluent des **circuits routiers** dans cinq régions du Québec, ainsi que des itinéraires de promenade dans les deux principales villes de la province. Les fameuses **étoiles Michelin** indiquent le degré d'intérêt des curiosités naturelles ou culturelles:*

★★★ *Vaut le voyage*
★★ *Mérite un détour*
★ *Intéressant*

En complément des pages de l'Atlas, le Guide du voyage vous propose des cartes d'excursion pour vos découvertes en voiture.

Abréviations: E. (Est), S. (Sud), N. (Nord), S.-O. (Sud-Ouest), etc. Km (kilomètres), mi (miles), m (mètres), ft (pieds), nº (numéro de rue), LHN (lieu historique national du Canada).

*Une rubrique **Hébergement et restauration** vient compléter la plupart des circuits et des itinéraires. Elle fournit une brève description des **restaurants** parmi les plus fréquentés et de **formules d'hébergement** avec un classement selon leurs tarifs. Les prix indiqués sont hors taxes. Ils correspondent à ceux d'une chambre ordinaire pour 2 personnes et pour une nuit en haute saison et, pour les restaurants, au coût moyen d'un repas (hors-d'œuvre, plat principal et dessert) sans les boissons et sans le pourboire.*

Montréal

Lodging Tips

Advance Reservations

Reserve accommodations well in advance of your trip. Before you go, check the establishment's Web site for special packages or seasonal discounts and find out the cancellation policy. Check travel Web sites that special-

Conseils pour votre hébergement

Réservations avant le voyage

Faites vos réservations longtemps à l'avance. Avant votre voyage, consultez le site Web de l'hôtel ou de l'établissement pour connaître ses forfaits et ses tarifs saisonniers. Vérifiez aussi ses conditions d'annulation. Consultez également les sites spécialisés

ize in hotel discounts such as quikbook.com, travelocity.com, orbitz.com. and others. Always ask the establishment what discounts are available: automobile club membership, senior citizen, military personnel, etc.

On-site Bookings

If you prefer **impromptu stays**, phone or check the Web site of the local tourist information office well in advance to determine peak tourist season and festivals or other events taking place when you plan to be there. Upon arrival, stop at the tourism office to get help with local accommodations.

dans les offres promotionnelles comme **hotels.com, quikbook.com, travelocity.com** *ou encore* **orbitz.com.**

Réservations sur place

Si vous préférez les **séjours impromptus**, *téléphonez à l'avance à l'office du tourisme ou consultez son site Web pour connaître les périodes de haute saison ainsi que le calendrier des festivals et des autres manifestations. Dès votre arrivée, passez dans ses bureaux pour savoir où loger.*

Practical information such as driving and parking regulations, visitor information and shopping venues is included for the major cities.
For comprehensive coverage of the landscape, history, culture and attractions of the province of Québec, see the Michelin **GREEN GUIDE QUEBEC,** *the ultimate guidebook for the independent traveler.*

Le Guide contient également des **renseignements pratiques**, *notamment sur la législation routière, sur les règles de parking, sur les points d'information touristique ou sur le shopping dans les villes les plus importantes.*
Pour en savoir plus sur la géographie, l'histoire, la culture et les attractions touristiques de la province de Québec, reportez-vous au **GUIDE VERT MICHELIN QUÉBEC**, *le meilleur compagnon du voyageur indépendant.*

Bas-Saint-Laurent ★★

Situated on the south shore of the St. Lawrence River, between Quebec City and the Gaspé Peninsula, this region features fertile plains and plateaus. To the north, the Laurentian Mountains plunge into the St. Lawrence, creating picturesque scenery. Route 132 passes through the principal communities of this region, affording superb views of the river and its islands.

Cette région de plaines et de plateaux fertiles s'étend de la ville de Québec à la péninsule de la Gaspésie en bordant la rive Sud du Saint-Laurent . Au Nord se dressent les Laurentides qui viennent plonger dans le fleuve en créant des paysages pittoresques. La route 132 traverse les principales communes du Bas-Saint-Laurent et offre des vues superbes sur les eaux et sur les îles.

Tour/Excursion 1 ➤

Lévis to Rivière-du-Loup
187 km/116 mi   *Map following and Atlas pages 10–11, 13, 14*

De Lévis à Rivière-du-Loup
187 km/116 mi   *Voir carte suivante et Atlas pages 10–11, 13, 14*

Begin your tour in the port city of **Lévis★**, across the St. Lawrence River from Quebec City. Take time to visit **Lieu historique national du Canada des Forts-de-Lévis★**(NHS), the sole vestige of three such forts built from 1865-1872 to protect Quebec City from possible American attack

Commencer votre périple à **Lévis★**, *un port situé sur le Saint-Laurent face à la ville de Québec. Visiter le* **lieu historique des Forts-de-Lévis★***(LHN), seul vestige d'un ensemble de trois fortins construits entre 1865 et 1872 pour protéger la ville de Québec de possibles attaques américaines après la guerre de Sécession.*

4

after the American Civil War. Drive N on Rte. 132 and, after 13km/8mi, turn left to the village of **Beaumont**. Completed in 1733, the **église** (church) in Beaumont is one of the oldest in Quebec. Continue through the village to rejoin Rte. 132. Travel 7km/4mi and turn left

*Emprunter la rte 132 vers le N., rouler 13km/8mi et tourner à gauche vers le village de **Beaumont**. Achevée en 1733, l'**église** de Beaumont est l'une des plus anciennes du Québec. Traverser le village pour rejoindre la route 132.*

*Continuer 7km/4mi et tourner à gauche pour atteindre le **moulin de Beaumont** qui surplombe la chute à Maillou.*

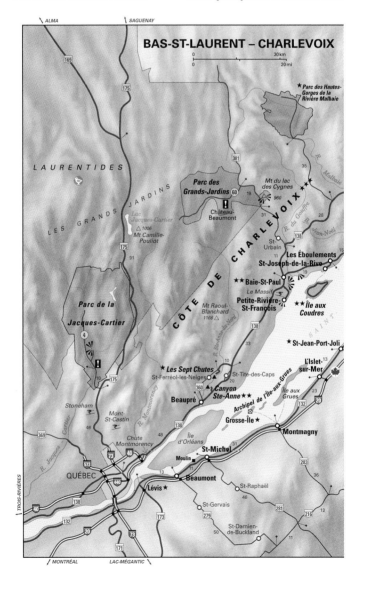

to reach the **Moulin de Beaumont**, overlooking Maillou Falls. Built in 1821 to card wool, the mill later became a grain mill and then a sawmill.

Return to Rte. 132, continue 4km/2.5mi and turn left to find the village of **Saint-Michel**, where the **church** in the center of town dates from 1858.

Return to Rte. 132 and drive through an agricultural region dotted with houses trimmed in bright colors. The road follows the edge of the St. Lawrence, offering good views.

NE of Saint-Michel 31km/19mi, the charming city of **Montmagny** is the site of the **Musée de l'Accordéon**, where visitors can watch accordions being made. The **Centre éducatif des Migrations** presents exhibits

*Construit en 1821 pour le cardage de la laine, le moulin servit ensuite au broyage du grain, puis au sciage du bois. Reprendre la rte 132 et rouler 4km/2,5mi avant de prendre à gauche vers le village de **Saint-Michel**, dont l'**église** centrale date de 1858.*

Continuer sur la rte 132 pour traverser une région agricole parsemée d'habitations aux couleurs vives. La route suit la berge du Saint-Laurent et offre de bonnes vues.

*À 31km/19mi au N.-E. de Saint-Michel se situe la charmante ville de **Montmagny** qui abrite un **Musée de l'accordéon** où le visiteur peut observer la fabrication de cet instrument. Sur Grosse Île, le **Centre éducatif des migrations** organise des expositions. Prendre le traversier (ferry) pour **Grosse-Île*** partant de Berthier-sur-Mer, à Montmagny. Vous y découvrirez le **Mémorial des Irlandais*** (LHN), qui*

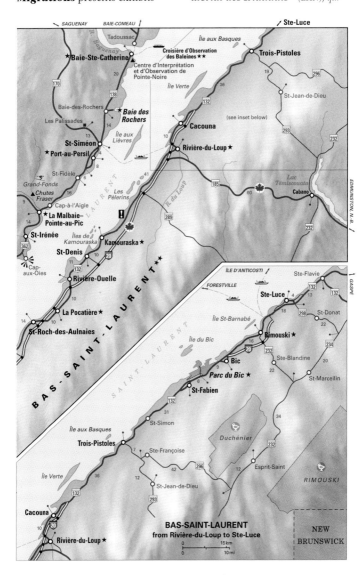

on Grosse Île. Then take the ferry, which departs from Berthier-sur-Mer in Montmagny, to **Grosse-Île★**, where the **Grosse-Île-et-le-Mémorial-des-Irlandais LHNC★** commemorates immigration to Canada. Here you can see a 19C quarantine station, which closed in 1937. Return to Montmagny and drive 23km/14mi to **L'Islet-sur-Mer**, built along the banks of the St. Lawrence. Since the 18C, the community's economy has thrived on maritime activity. Notable sights include the **Musée Maritime du Québec**, which focuses on the maritime history of the St. Lawrence River.

Continue 13km/8mi NE on Rte. 132. Known as the wood-carving capital of Quebec, the small town of **Saint-Jean-Port-Joli★** boasts the largest concentration of artisans in the province. Craft shops line Rte. 132.

Another 14km/9mi farther, the peaceful community of **Saint-Roch-des-Aulnaies** takes its name from the alder trees (aulnes) lining the Ferrée River. Set on a promontory overlooking two rivers, the **Aulnaies Seigneurie** (3km/2mi E of the church on Rte. 132; turn right, go up the hill) is a Victorian-era house that can be toured.

Drive 10km/6mi to **La Pocatière★**, birthplace of agricultural education in Canada. Agricultural research is still undertaken here. The Bombardier factory, renowned for its snowmobiles, dominates regional industry.

Just past **Saint-Denis**, between La Pocatière and Kamouraska, Rte. 132 passes across a wide flood plain, affording expansive views of the Laurentian Mountains. Enter **Kamouraska★**, a potato and dairy community 31km/19mi NE of La Pocatière. At 69 Ave. Morel the **Musée de Kamouraska** devotes itself to the cultural history of the region. East of town (3km/2mi via Rte. 132), an open-air chapel commemorates the former heart of the village. Return to Rte. 132 and drive 41km/25mi N to **Rivière-du-Loup★**, which commands a location favorable to commerce

House in Kamouraska/*Une maison à Kamouraska*

commémore l'histoire de l'immigration vers le Canada ainsi qu'une station de quarantaine datant du 19ᵉ s. et fermée en 1937.

*Revenir à Montmagny et rouler 23km/14mi jusqu'à **L'Islet-sur-Mer**, situé sur la berge du Saint-Laurent. Depuis le 18ᵉ s., cette communauté a su prospérer grâce à l'activité maritime. Ne manquez pas le **musée maritime du Québec**, surtout consacré à l'histoire maritime du Saint-Laurent.*

*Continuer 13km/8mi N.-E. sur la rte 132. Capitale de la sculpture du bois du Québec, la petite ville de **Saint-Jean-Port-Joli★** compterait la plus forte concentration d'artisans de toute la province. Des boutiques vendent leurs produits le long de la rte 132.*

*Plus au Nord (14km/9mi), la paisible commune de **Saint-Roch-des-Aulnaies** tire son nom des aulnes qui bordent la rivière Ferrée. Assise sur un promontoire dominant les deux rivières, la **Seigneurie des Aulnaies** (3km/2mi E. de l'église sur la rte 132; tourner à droite et monter la colline) est une demeure de l'époque victorienne ouverte aux visiteurs.*

*Rouler 10km/6mi vers **La Pocatière★**, où l'enseignement agricole canadien a vu le jour. On y poursuit toujours des recherches agronomiques. Fameuse pour ses motoneiges, l'usine Bombardier est le principal site industriel de la région.*

*Juste après **Saint-Denis**, entre La Pocatière et Kamouraska, la rte 132 traverse une grande plaine inondable avec des vues dégagées sur les Laurentides. Distante de 31km/19mi N.-E. de La Pocatière, **Kamouraska★** vit de l'élevage laitier et de la culture de la pomme de terre. Au 69 ave. Morel, le **musée de Kamouraska** se consacre à l'histoire culturelle de la région. À l'Est (3km/2mi par la rte 132), une chapelle-souvenir en plein air marque l'ancien centre du village.*

*Retourner à la rte 132 et rouler 41km/25mi N. pour atteindre **Rivière-du-Loup★**. Sa situation est propice au commerce et au tourisme. La commune se distingue notamment par son **hôtel***

and tourism. Notable landmarks include the **Hôtel de ville** (Rue Lafontaine). To see the **Chutes de la rivière du Loup★**, take Rue Lafontaine N to Rue Frontenac and turn right; the falls are 2 blocks away.

*de ville (rue Lafontaine). Pour se rendre aux **chutes de la rivière du Loup★**, prendre la rue Lafontaine vers le N. jusqu'à la rue Frontenac et tourner à droite; les chutes se trouvent deux rues plus loin.*

Tire Tips: Air Pressure

You should check each tire's pressure (including your spare) once each month and always before a long trip—and always do it when they're "cold" (that is, at least three hours after the vehicle has been stopped and before it has been driven one mile). Purchase an accurate pressure gauge as it's impossible to tell how much air is in the tire by looking at it. Don't trust the gauges attached to the air hoses, as they may be inaccurate. All tires lose air over time. This is normal, especially in warmer weather.

L'Essentiel des Pneus: Pression d'air

Vérifiez la pression des pneus (roue de secours incluse)une fois par mois et avant tout long voyage—toujours sur des pneus froids (au moins trois heures après l'immobilisation du véhicule ou après avoir roulé moins de 2 km). Munissez-vous d'un vérificateur de pression précis car il est impossible d'évaluer la pression à l'oeil. Ne vous fiez pas aux vérificateurs intégrés aux pompes à air, souvent imprécis. Tous les pneus perdent de l'air, surtout par temps chaud.

Gaspésie ★★★

The Gaspe Peninsula extends along the southern shore of the St. Lawrence River, advancing into the gulf of the same name. The interior is dominated by the Chic-Chocs, which rise to their highest peak at Mount Jacques Cartier (1,268m/4,159ft). Tiny fishing villages dot the rocky northern coast, culminating in the beauty of Forillon and Percé. The region offers spectacular scenery along Route 132, excellent cuisine and great salmon fishing.

La péninsule de la Gaspésie borde la rive Sud du Saint-Laurent et s'élance dans le golfe du même nom. A l'intérieur des terres s'élève le massif des Chic-Chocs, dont le plus haut sommet est le mont Jacques-Cartier (1 268m/4 159ft). Au Nord, de petits villages de pêcheurs parsèment la côte rocheuse. Le site de Percé et la presqu'île de Forillon sont de toute beauté. La région offre non seulement des paysages spectaculaires le long de la route 132, mais aussi une excellente cuisine, et c'est un endroit rêvé pour la pêche au saumon.

Grande-Vallée

Bed and Board

Lodging
Au Pirate, L'Auberge à Percé – 169 Rte. 132 Ouest, Percé. 418-782-5055. Dinner only. $125–$200.

Hébergement et restauration

Hébergement
Auberge Au Pirate – 169, route 132 Ouest, Percé. 418-782-5055. Dîner seulement. 125$–200$. *Cette auberge*

Pleasant rooms and good views of Percé Rock await you at the Pirate's House. Serving such specialties as salmon, scallops and grilled shrimp in raspberry vinegar beurre blanc, the award-winning **dining room** *($35–$50)* attracts visitors from around the hemisphere.

Gîte du Mont-Albert – *2001 Route du Parc, Sainte-Anne-des-Monts. 418-763-2288. $125–$200.* Located within the Gaspésie Park, this charming inn provides a comfortable base for enjoying park activities. Service is efficient, and rooms—all with views of Mont-Albert—are clean and cozy.

Hôtel la Normandie – *221 Rte. 132 Ouest, Percé. 418-782-2337 $79–$209.* A waterfront hotel in the traditional sense, the Normandie offers tastefully decorated rooms, most with views of the gulf and Percé Rock. In its acclaimed **dining room** *($30–$50)*, an impressive wine list accompanies a fixed-price menu featuring such favorites as grilled duck breast with orange and green-pepper sauce.

Centre d'art Marcel Gagnon – *564 Route de la Mer, Sainte-Flavie. 418-775-2829. $60–$90.* Simple and clean describe the rooms on the upper floor of this art center. Breakfast is served in the restaurant on the ground floor, where sculptor Marcel Gagnon's creation is the main attraction.

Restaurants

Chez Pierre – *96 Boul. Perron Ouest, Tourrelle. 418-763-7446. $20–$35. Seafood.* For an introduction to the bounty of the St. Lawrence River, enjoy a meal at Chez Pierre. Order from the menu, or try the Dégustation Poissons of crab, Matane cod and other delights. Reasonable prices, and a view of the water complement the cuisine.

La Maison du Pêcheur – *155 Place du Quai, Percé. 418-782-5331. $20–$35. Québécois.* Located next to the public pier, the Fisherman's House serves breakfast, lunch and dinner. For dinner, choose a wood-fired pizza or a specialty like lobster flavored with maple syrup. Locals favor the seaweed soup.

offre d'agréables chambres et de belles vues du Rocher Percé. Avec ses spécialités comme le saumon, les pétoncles et les crevettes grillées au beurre blanc avec du vinaigre de framboise, sa salle à manger (35$–50$) attire les visiteurs des quatre coins du pays.

Gîte du Mont-Albert – *2001, route du Parc, Sainte-Anne-des-Monts. 418-763-2288. 125$–200$. Située dans le parc de la Gaspésie, cette charmante auberge est une base confortable d'où l'on peut explorer les alentours. Le service est efficace et les chambres, qui donnent toutes sur le mont Albert, sont propres et douillettes.*

Hôtel la Normandie – *221, route 132 Ouest, Percé. 418-782-2337. 79$–209$. Le Normandie est un hôtel traditionnel de front de mer. Ses chambres sont décorées avec goût et la plupart ont une vue sur le golfe et sur le Rocher Percé. Sa salle à manger (35$–50$) réputée propose une impressionnante carte des vins et à la table d'hôtes (prix fixes), on peut déguster des plats favoris comme l'aiguillette de canard aux agrumes et au poivre vert.*

Centre d'art Marcel Gagnon – *564, route de la Mer, Sainte-Flavie. 418-775-2829. 60$–90$. Simplicité et propreté, ainsi peut-on décrire les chambres qu'offre à l'étage ce centre d'art. Le petit déjeuner est servi dans le restaurant du rez-de-chaussée et les sculptures de Marcel Gagnon sont la principale curiosité des lieux.*

Restaurants

Chez Pierre – *96, boul. Perron Ouest, Tourrelle. 418-763-7446. 20$–35$. Poissons et fruits de mer. Pour découvrir les richesses dont regorge le golfe du Saint-Laurent, offrez-vous un repas Chez Pierre. Vous avez le choix entre le menu ou une formule dégustation (crabe, morue de Matane et autres délices), le tout à des prix raisonnables et avec une vue sur les eaux.*

La Maison du Pêcheur – *155, place du Quai, Percé. 418-782-5331. 20$–35$. Cuisine québécoise. Situé près de la jetée, ce restaurant est ouvert matin, midi et soir. Au dîner, commandez une pizza cuite au feu de bois ou une spécialité comme le homard parfumé au sirop d'érable. Les gens du pays apprécient particulièrement le potage aux algues marines.*

Tour/Excursion 2

Sainte-Flavie – Parc de la Gaspésie – Percé – Restigouche
1,108 km/688 mi
Map following and Atlas pages 14–15

Sainte-Flavie – Parc de la Gaspésie – Percé – Restigouche
1 108 km/688 mi   Voir carte
suivante et Atlas pages 14–15

Begin your tour in **Sainte-Flavie**, an agricultural village and resort town that serves as the gateway to the Gaspé Peninsula. North of town at the **Parc de la rivière Mitis**★ exhibits highlight the life cycle of the Atlantic salmon; take the tour to the dam to watch salmon swim upriver (in season). Continue NE 9km/6mi on Rte. 132 to the Jardins de Métis.

In 1886 railway magnate Lord Mount Stephen purchased land at the confluence of the Métis and Saint Lawrence rivers as a fishing retreat. In 1918 he gave the land to his niece, Elsie Stephen Reford, who transformed the estate into the **Jardins de Métis**★★ (Reford Gardens). Over 3,000 varieties of flowers and ornamental plants flourish in six gardens.

Continue E 55km/34mi to **Matane**, renowned for its salmon fishing and shrimp production. In the town center, behind the city hall, a **fish ladder** enables salmon to travel upstream. Built in 1906, the lighthouse now serves as the town's tourist information office.

Head on to **Cap-Chat** 70km/43mi. To see the 110m/361ft vertical-axis wind turbine named **Éole**★—the largest of its kind in the world—turn right 3km/2mi W of Cap-Chat bridge.

From Cap-Chat, drive E on Rte. 132. After 16km/10mi, take Rte. 299 S from Sainte-Anne-des-Monts to **Parc de la Gaspésie**★, devoted to plants and animals native to the province. The park encompasses the Chic-Chocs and the McGerrigles, both part of the Appalachian range. A hike to the top of **Mont-Albert** (1,151m/3,775ft) reveals vegetation characteristic of the northern tundra. At **Lake Cascapédia**, the ridges of the Chic-Choc mountains offer spectacular **views**★★ of the Appalachians and St. Lawrence Valley and eastward, the Sainte-Anne River valley. The dome of Mt. Jacques-Cartier (1,268m/4,159ft) affords an expansive **view**★★ of the McGer-

*Cette excursion débute à **Sainte-Flavie**, un village rural et touristique qui marque l'entrée de la péninsule de la Gaspésie. Au Nord se trouve le **parc de la rivière Mitis**★ et son centre d'interprétation sur le saumon atlantique et son cycle de vie; faire la visite guidée du barrage pour observer les poissons remontant à contre-courant. Continuer 9km/6mi N.-E. sur la rte 132 pour atteindre les jardins de Métis.*

*En 1886, un baron du chemin de fer amateur de pêche, Lord Mount Stephen, acheta des terres au confluent des rivières Métis et Saint-Laurent. En 1918, il en fit don à sa nièce, Elsie Stephen Reford, qui transforma les lieux en créant les **jardins de Métis**★★. Dans ces six jardins sont cultivées plus de 3 000 variétés de fleurs et de plantes ornementales. Continuer 55km/34mi E. jusqu'à **Matane**, fameuse pour son saumon et ses crevettes. Au centre-ville, derrière la mairie, une **échelle à poissons** permet aux saumons de remonter la rivière. Construit en 1906, le phare fait aujourd'hui fonction d'office du tourisme.*

*Poursuivez votre route vers **Cap-Chat** distante de 70km/43mi. Pour voir **Éole**★, la plus grande éolienne à axe vertical du monde (110m/361ft), tourner à droite 3km/2mi O. du pont de Cap-Chat. À Cap-Chat, continuer sur la rte 132 et rouler 16km/10mi E. jusqu'à Sainte-Anne-des-Monts. Emprunter ensuite la rte 299 S. vers le **parc de la Gaspésie**★, qui abrite une flore et une faune indigènes. Dans le parc se dressent les Chic-Chocs et les McGerrigle, qui appartiennent à la chaîne des Appalaches. Une randonnée jusqu'au sommet du **mont Albert** (1 151ft/3 775ft) permet de découvrir une végétation comparable à celle de la toundra nordique. Au niveau du **lac Cascapédia**, les crêtes des monts Chic-Choc offrent des **vues**★★ spectaculaires sur les Appalaches et sur la vallée du Saint-Laurent et, vers l'E., sur celle de la rivière Sainte-Anne. Du dôme du mont Jacques-Cartier (1 268m/4 159ft), on a une **vue**★★ dégagée sur les McGerrigle.*

*Revenir à Sainte-Anne-des-Monts et continuer 26km/16mi E. sur la rte 132 pour atteindre **La Martre**, perchée sur un promontoire. Dans le **phare** octogonal et son bâtiment annexe se tiennent des expositions temporaires.*

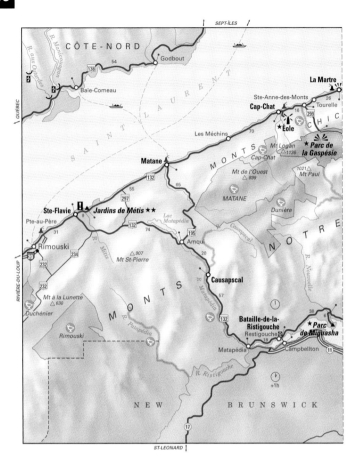

rigle Mountains.
Return to Sainte-Anne-des-Monts and continue 26km/16mi on Rte. 132 to the little village of **La Martre**, perched atop a promontory. The octagonal **lighthouse** and adjoining building house temporary exhibits.

The **scenic route**★★ from La Martre to Rivière-au-Renard (153km/95mi) along Rte. 132 follows the coastline, affording views of picturesque fishing villages and the Gulf of St. Lawrence. In the region of **Mont-Saint-Pierre**, shale cliffs rim a bay, and at **Sainte-Madeleine-de-la-Rivière-Madeleine**, a lighthouse and surrounding buildings grace the hills. Before you enter **Grande-Vallée**, there's a view of the village and its bay from the hilltop. As you pass the bustling fishing village of **Rivière-au-Renard**, located at the northern tip of Forillon National Park, you'll see the Gulf of St. Lawrence beyond the fields.

Drive 21km /13mi to **Cap-des-Rosiers**, named for the wild roses Jacques Cartier found here in the 16C. The village has witnessed

*Entre La Martre et Rivière-au-Renard (153km/95mi), la rte 132 est une **route panoramique**★★ longeant la côte et offrant des vues pittoresques des villages de pêcheurs et du golfe du Saint-Laurent. **Mont-Saint-Pierre** est abrité dans une anse entourée de falaises schisteuses. À **Sainte-Madeleine-de-la-Rivière-Madeleine**, un phare et les bâtiments environnants embellissent les hauteurs. Avant d'arriver à **Grande-Vallée**, profitez de la vue du village et de sa baie depuis le sommet de la colline. En passant le village très animé de **Rivière-au-Renard**, qui délimite au N. le parc national Forillon, vous apercevrez le golfe du Saint-Laurent au-delà des champs. Rouler 21km /13mi jusqu'à **Cap-des-Rosiers**, qui doit son nom aux roses sauvages que Jacques Cartier y trouva au 16ᵉ s. Bien des bateaux ont fait naufrage sur les côtes rocheuses proches du village. Son **phare** (37m/121ft) est le plus haut du Canada.*

*À partir de Cap-des-Rosiers, entrer dans le **parc national du Canada Forillon**★★, que bordent le golfe du Saint-Laurent et la baie de Gaspé. S'arrêter près de Cap-des-Rosiers au **centre d'interprétation**, qui retrace l'histoire de la pêche dans la région. Le parc offre toute une diversité de paysages: falaises*

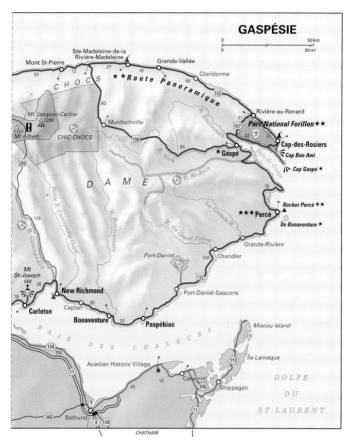

GASPÉSIE

0 50km
0 30mi

Mont St-Pierre · Ste-Madeleine-de-la Rivière-Madeleine · Grande-Vallée · Cloridorme · **★★Route Panoramique** · Rivière-au-Renard · **Parc National Forillon ★★** · **Cap-des-Rosiers** · *Cap Bon Ami* · *Cap Gaspé ★* · **★ Gaspé** · **Rocher Percé ★★** · **★★★ Percé** · *Île Bonaventure ★* · Grande-Rivière · Chandler · Port-Daniel · Port-Daniel-Gascons · Paspébiac · Bonaventure · New Richmond · Caplan · Carleton · Mt St-Joseph · Acadian Historic Village · Miscou Island · Île Lameque · Caraquet · Shippagan · Bathurst · CHATHAM · *GOLFE DU ST-LAURENT* · *BAIE DES CHALEURS* · CHIC-CHOCS · Mt Jacques-Cartier · Murdochville

numerous shipwrecks off its rocky coast. Its **lighthouse** (37m/121ft) is the tallest in Canada.

From Cap-des-Rosiers enter **Parc national du Canada Forillon★★**, situated where the Gulf of St. Lawrence meets the Bay of Gaspé. Stop in at the **interpretation center** near Cap-des-Rosiers, which describes the history of fishing in the region. The park's diverse landscape includes limestone cliffs; mountains of spruce, fir, poplar and cedar; wildflower meadows; and pebbly beaches. Take the secondary road 3km/2mi S of the interpretation center to reach **Cap Bon Ami**. From the picnic lookout and walkway to the beach, you'll enjoy splendid **views★★** of the water and cliffs. Return to Rte. 132, and follow signs leading to the southern sector of the park. At the junction with the secondary road, turn left.

In the village of **Grande-Grave★** (16.5km/10mi

calcaires, monts boisés d'épinettes, de sapins, de peupliers et de cèdres, prairies couvertes de fleurs sauvages et plages de galets.

*Emprunter la route secondaire à 3km/2mi S. du centre d'interprétation pour atteindre **Cap Bon Ami**. De l'aire de pique-nique et de la promenade vers la plage, vous jouirez de **vues★★** splendides sur les eaux et sur les falaises. Retourner à la rte 132 et suivre les panneaux indiquant le secteur S. du parc. Au croisement avec la route secondaire, tourner à gauche. Dans le village de **Grande-Grave★** (16km/10mi du centre d'interprétation), une épicerie générale et d'autres bâtiments restaurés rappellent la vie des habitants dans les années 1920. Continuer sur la route secondaire vers l'Anse-aux-Sauvages. De là, suivre l'agréable chemin de promenade de*

Parc National Forillon

from the interpretation center) a general store and other restored buildings reflect the 1920s. Continue on the secondary road to Anse-aux-Sauvages. From there, take the pleasant walk 8km/5mi (round-trip) to **Cap Gaspé★**, where **views** of the Bay of Gaspé and the Île Bonaventure will reward you.

Return to Rte. 132. On the way back, the road skirts the southern sector of the park, site of a Protestant church, amphitheatre, campground and tourist center. After 8km/5mi, you'll see the blockhouse at **Fort-Péninsule**, built by the Canadian government to prevent German submarines from entering the St. Lawrence. About 1km/.6mi farther, the **beach** at **Penouille** peninsula is the most popular one in the park.

Drive 42km/26mi SW of Cap-des-Rosiers to the town of **Gaspé★**, the site of Jacques Cartier's arrival in 1534, whereupon he claimed the land for France. This commercial center of the peninsula sits on a hillside where the York River empties into the Bay of Gaspé. The **Musée de la Gaspésie★** on Rte. 132 highlights Cartier's landing and preserves Gaspésian culture. Look for the **Jacques-Cartier Monument** next to the museum.

The 76km/47mi drive to Percé on Rte. 132 along the **coast★★★** offers magnificent **views★★**. Just before entering Percé, stop at the belvedere for a good view of Aurore Peak. Farther along the road, a path leads to **Cape Barré**, which affords a commanding view of the cliffs known as **Trois Sœurs** (Three Sisters) to the W and Percé Rock to the E.

Percé★★★ occupies a shoreline site that attracts visitors from all over the world. An isolated fishing village until the advent of tourism, Percé now boasts fine restaurants and tourist facilities. The mammoth limestone block of **Rocher Percé★★** was once attached to the mainland.

From Percé, take Rte. 132 for 109km/68mi through Grande-Rivière, Chandler and Port-Daniel to **Paspébiac**. Here you can tour the restored buildings of an 18C cod-fishing empire and watch demonstrations like net-mending

*8km/5mi (aller-retour) conduisant au **cap Gaspé★**, dont les **vues** sur la baie de Gaspé et sur l'île Bonaventure récompenseront vos efforts.*

Revenir sur la rte 132. Sur le chemin du retour, la route longe la partie S. du parc où se trouvent un temple protestant, un amphithéâtre, un camping et un centre d'information touristique.

*Après 8km/5mi, vous verrez le blockhaus de **Fort-Péninsule** construit par le gouvernement canadien pour empêcher les sous-marins allemands de pénétrer dans le Saint-Laurent. Environ 1km/0,6mi plus loin se trouve la **plage** de la péninsule de **Penouille**, la plus fréquentée du parc.*

*À partir de Cap-des-Rosiers, rouler 42km/26mi S.-O. en direction de **Gaspé★**. C'est sur ce site que débarqua Jacques Cartier en 1534 en revendiquant le territoire au nom de la France. Centre commercial de la péninsule, la ville occupe les flancs d'une colline à l'embouchure de la rivière York, qui se déverse dans la baie de Gaspé. Sur la rte 132, le **musée de la Gaspésie★** rappelle le débarquement de Cartier et l'héritage culturel de la région. Le **monument Jacques-Cartier** est à côté du musée.*

*Le long du trajet de 76km/47mi vers Percé, la rte 132 longe la **côte★★★** avec des **vues★★** magnifiques. Avant d'arriver dans la ville, s'arrêter au sommet du belvédère pour profiter de la vue sur le pic de l'Aurore. Plus loin sur la route, un sentier conduit au **cap Barré**, d'où l'on jouit d'une vue dégagée sur les falaises des **Trois Sœurs** à l'O. et sur le Rocher Percé à l'E.*

*Bâtie sur le littoral, **Percé★★★** attire des visiteurs du monde entier. Avec le développement du tourisme, cet ancien village de pêcheurs isolé s'est transformé. Il possède aujourd'hui de bons restaurants et diverses installations touristiques. La gigantesque masse calcaire du **Rocher Percé★★** était autrefois reliée au rivage.*

*De Percé, prendre la rte 132 et rouler 109km/68mi en traversant Grande-Rivière, Chandler et Port-Daniel pour atteindre **Paspébiac**. Vous pourrez visiter ses bâtiments historiques restaurés et datant de l'époque faste de la pêche à la morue et assister à des démonstrations de remmaillage des filets ou de construction d'une barge.*

*Continuer sur la rte 132 vers l'agréable région côtière de la **baie des Chaleurs**, puis rouler 22km/14mi jusqu'au village de **Bonaventure**, connu pour sa rivière à saumons.*

*Poursuivre 35km/22mi jusqu'à **New Richmond**, un ancien bastion loyaliste aux quartiers résidentiels pleins de charme et imprégné d'une atmosphère*

and barge-building.

Continue on Rte. 132 into the pleasant coastal region of **Baie des Chaleurs**, and then drive on 22km/14mi to the village of **Bonaventure**, known for its salmon river.

Farther 35km/22mi, **New Richmond**, a former Loyalist stronghold, boasts charming residential areas that still maintain a late-19C Anglo-Saxon flavor. Visit the reconstructed village at the **Centre de l'héritage britannique de la Gaspésie** (351 Blvd. Perron Ouest), where dwellings date from the 17C. Another 28km/17mi, the resort town of **Carleton** boasts a scenic location. To access **Mont Saint-Joseph** by car from the town center, take Rue de la Montagne 6km/4mi to the summit. From there, a **panorama★★** spans Chaleur Bay and extends S to New Brunswick.

Return to Rte. 132, and after 18km/11mi, turn left and drive 6km/4mi to reach **Parc de Miguasha★**, the site of an escarpment embedded with fossils 370 million years old. Park exhibits and on-site observation will help you appreciate the ferns, fish and other fossils found here.

Rejoin Rte. 132 and continue 38km/24mi to end your tour at Restigouche, site of the **Lieu historique national du Canada de la Bataille-de-la-Ristigouche** (NHS). France's last attempt to save its North American colony from British control was thwarted in the estuary of the Ristigouche River in 1760.

*anglo-saxonne de la fin du 19ᵉ s. Visiter le village reconstruit du **Centre de l'héritage britannique de la Gaspésie** (351, boul. Perron Ouest), dont les bâtiments remontent au 17ᵉ s.*

*Plus loin sur la route (28km/17mi), la station de **Carleton** est un endroit pittoresque. Pour accéder en voiture au **mont Saint-Joseph** à partir du centre-ville, prendre la rue de la Montagne et rouler 6km/4mi jusqu'au sommet. De cette hauteur, on a une*

Rocher Percé

vue panoramique★★ sur la baie des Chaleurs et au S. sur la province du New Brunswick.

*Revenir à la rte 132 et rouler 18km/11mi avant de tourner à gauche et de continuer 6km/4mi pour atteindre le **parc de Miguasha★** et son escarpement riche en fossiles vieux de 370 millions d'années. Expositions et observation sur le terrain vous permettront de découvrir les fougères, les poissons et d'autres espèces ayant ainsi survécu au temps sous forme minérale.*

*Reprendre la rte 132 et continuer 38km/24mi pour terminer le circuit à Restigouche et visiter le **lieu historique de la Bataille-de-la-Ristigouche** (LHN). La dernière tentative de la France pour sauver sa colonie nord-américaine de la domination britannique échoua en 1760 dans l'estuaire de la rivière Ristigouche.*

Tire Tips: Worn Tires

The simplest way to check tread is to place a penny into the tread (the Queen's head first); if all of her crown remains visible, the tire needs replacing. Treadwear indicators appear as horizontal lines of wear across the tread grooves when the tire needs replacing.

L'Essentiel des Pneus: Pneus usés

Plantez tout simplement un sous dans la bande de roulement; si la couronne de la reine reste visible, le pneu doit être remplacé. Lorsque vous voyez des lignes d'usure horizontales faire surface sur les rainures de la bande de roulement, il est temps de changer le pneu.

Montréal ★★★

Canada's second-largest metropolis (after Toronto) sits on an island wedged into the St. Lawrence River. A combination of Old World culture and North American modernity, Montreal is home to the world's largest French-speaking population outside Paris. In the business sector, a sizable English-speaking community is prominent. The city offers a wealth of cultural attractions and urban settings, from the cobblestone streets of Old Montreal to the skyscrapers of downtown.

Bâtie sur un îlot du fleuve Saint-Laurent, Montréal est la seconde métropole du Canada (après Toronto). Empreinte de culture européenne, mais ouverte à la modernité nord-américaine, elle abrite la plus importante communauté francophone du monde après celle de Paris, même si, dans le quartier des affaires, c'est l'anglais qui s'impose. La ville offre une multitude d'attractions culturelles et de paysages urbains, des rues pavées du Vieux-Montréal aux gratte-ciel du centre-ville.

Vieux-Port

Practicalities

Visitor Information

Centre Infotouriste: 1001 Rue du Square-Dorchester. 514-873-2015; www.tourism-montreal.org.

Shopping

Ville Souterraine (Underground City): a large number of boutiques, movie theatres and malls connected by metro. **Rue Sainte-Catherine** includes department store **Ogilvy** (at Rue de la Montagne); the pricey shopping galleries and designer boutiques of **Les Cours Mont-Royal** (at Metcalfe); **Eaton Centre** (no.705) with shops like Benetton and Gap; **La Baie** department store (no. 585); the 100-plus retailers of **Les Promenades de la Cathédrale** (no. 625); **Place Montréal Trust** (McGill College Ave.), a multilevel shopping complex with boutiques and restaurants; and **Complexe Desjardins** (no.170). **Place Ville-Marie** (1 place Ville-Marie Ouest): underground shops, restaurants and food court. **Holt Renfrew** department store (1300 Rue Sherbrooke Ouest): high-fashion clothing, shoes and accessories.

Renseignements pratiques

Renseignements touristiques

Centre Infotouriste: 1001, rue du Square-Dorchester, 514-873-2015; www.tourism-montreal.org.

Shopping

*Ville souterraine: c'est un réseau de boutiques, de cinémas et de centres commerciaux reliés par le métro. Dans la **rue Sainte-Catherine**: grand magasin **Ogilvy** (au niveau de la rue de la Montagne); **Cours Mont-Royal** (au niveau de la rue Metcalfe) avec ses galeries commerçantes et ses boutiques de stylistes de luxe; **Centre Eaton** (n° 705) et ses magasins comme Benetton ou Gap; grand magasin **La Baie** (n° 585); **Promenades de la Cathédrale** (n° 625) qui regroupe plus de 100 détaillants; **Place Montréal Trust** (au niveau de l'avenue McGill College), un complexe sur plusieurs niveaux offrant boutiques et restaurants; **Complexe Desjardins** (n° 170). **Place Ville-Marie** (1, place Ville-Marie Ouest): boutiques en sous-sol, restaurants et espace-restauration. Grand magasin **Holt Renfrew** (1300, rue Sherbrooke Ouest): vêtements, chaussures et accessoires de mode de luxe.*

Bed and Board

Lodging

Hostellerie Pierre du Calvet
– *405 Rue Bonsecours. 514-282-1725. $270–$300.* This 18C residence of a French merchant has been restored as an elegant hostelry filled with antiques and Oriental rugs. Rooms boasting original stone walls, fireplaces and canopy beds exude Old World ambience. Enjoy breakfast in the plant-filled Victorian greenhouse. Dinner is served to the public in the main **dining room** (*$35–$50*).

Hôtel Le Germain – *2050 Rue Mansfield. 514-849-2050. $190–$350.* This office-building and boutique hotel oozes refined luxury. Oriental minimalism prevails in the loft-like rooms, appointed with wood furnishings crafted by local artisans. Sumptuous bedding and upscale amenities make these some of the most sought-after guest quarters in the city.

Château Versailles – *1659 Rue Sherbrooke Ouest. 514-933-3611. $135–$205.* Composed of connected Victorian town houses and a modern tower annex across the street, this former pensione is prized for its price and proximity to the museums. The large rooms were completely renovated in 1997.

Auberge de la Fontaine – *1301 Rue Rachel Est. 514-597-0166. $120–$200.* This Victorian mansion sits in the Plateau Mont-Royal district facing a park. Colorful contemporary rooms, concierge service and a generous breakfast buffet make for a restful stay outside the frenzy of downtown.

L'Auberge de Jeunesse – *1030 Rue Mackay. 514-843-3317. Under $75.* Organized into rooms that accommodate four to 10 people, this youth hostel a few minutes from downtown offers kitchen services, a television room and a laundromat.

Restaurants

Toqué! - *3842 Rue St-Denis. Dinner only. Closed Sun & Mon. 514-499-2084. Over $50. French.* Located in the Plateau Mont-Royal district, this post-Modern restaurant ranks as one of the finest in the city. Signature dishes using the freshest

Hébergement et restauration

Hébergement

Hostellerie Pierre du Calvet – 405, rue Bonsecours. 514-282-1725. 270$–300$. Cette élégante demeure du 18ᵉ s. appartenait à un riche commerçant français. Aujourd'hui restaurée, elle est remplie d'antiquités et de tapis d'Orient. Dans les chambres, les pierres des murs, les cheminées et les lits à baldaquin évoquent l'ancienne Europe. Savourez votre petit déjeuner dans une serre victorienne au milieu des plantes. Le dîner est servi aux hôtes dans la **salle à manger** principale (35$ –50$).

Hôtel Le Germain – 2050, rue Mansfield. 514-849-2050. 190$–350$. Cet immeuble de bureaux reconverti en hôtel d'un nouveau concept (hôtel-boutique) exhale un luxe raffiné. Dans les chambres, c'est un minimalisme oriental qui prédomine. Leur mobilier en bois a été réalisé sur mesure par des artisans de la région. Une literie somptueuse et des commodités de luxe en font l'un des établissements les plus prisés de la ville.

Château Versailles – 1659, rue Sherbrooke Ouest. 514-933-3611. 135$–205$. Composée de plusieurs maisons de ville victoriennes réunies ainsi que d'une tour annexe située de l'autre côté de la rue, cette ancienne pension est recherchée pour ses prix et pour sa proximité des musées. Les chambres spacieuses ont été entièrement rénovées en 1997.

Auberge de la Fontaine – 1301, rue Rachel Est. 514-597-0166. 120$–200$. Cette demeure victorienne fait face à un parc dans le quartier du Plateau Mont-Royal. Avec ses chambres au décor contemporain, son service à l'étage et son généreux buffet au petit déjeuner, cet hôtel permet un séjour paisible loin de l'agitation du centre-ville.

L'Auberge de Jeunesse – 1030, rue Mackay. 514-843-3317. Inf. 75$. Avec ses chambres de 4 à 10 personnes, cette auberge de jeunesse n'est qu'à quelques minutes du centre-ville. Elle possède une cuisine commune, une salle de télévision et une laverie.

Restaurants

Toqué! – 3842, rue St-Denis. Dîner seulement. Fermé dim. et lun. 514-499-2084. Sup. 50$. Cuisine française. Ce restaurant postmoderne se trouve dans le quartier du Plateau Mont-Royal et compte parmi les meilleurs de la ville. Les grandes spécialités de l'établissement, comme le

local produce include leg of lamb scented with thyme, and sautéed St. George's mushrooms.

La Marée – *404 Place Jacques-Cartier. 514-861-8126. $40–$50. Seafood.* Situated in a heavily trafficked section of the city, Montreal's best bet for seafood serves up favorites like grilled salmon in a sauce flavored with pineau des Charentes liquour, and lobster sautéed in tomato, butter and fresh basil.

Restaurant Daou – *519 Rue Faillon Est. 514-747-7876. $20–$35. Lebanese.* The lively ambience here, occasionally spiced with belly dancers, complements Middle Eastern specialties like tabbouleh, shish kebab and hummus. The decor is ordinary, but expect good food for a good price.

Le Piton de la Fournaise – *835 Rue Duluth Est. Dinner only. Closed Mon. 514-526-3936. $20–$35. Réunion/Creole.* Upon entering this vibrant restaurant, you'll feel as if you've stepped off the boat at Île de la Réunion in the middle of the Indian Ocean. The cuisine blends Indian, African and French influences and the decor highlights arts and crafts from the island.

Beauty's – *93 Ave. Mont-Royal Ouest. 514-849-8883. Under $20. American.* If breakfast or brunch is your thing, come wait in line with everyone who is anyone at this 1950s-style diner. Bagels, smoked salmon, and blueberry pancakes are the main attractions at this crowded eatery in the Plateau Mont-Royal district.

gigot d'agneau de Rimouski dans son jus aromatisé au thym et la poêlée de mousserons, sont préparées avec des produits très frais provenant de la région.

La Marée – 404, place Jacques Cartier. 514-861-8126. 40$–50$. Poissons et fruits de mer. *Situé dans un endroit très passant de Montréal, La Marée est sans doute le meilleur choix pour déguster poissons et fruits de mer. Les clients se régalent notamment avec son escalope de saumon au pineau des Charentes ou sa poêlée de homard à la tomate et au basilic.*

Restaurant Daou – 519, rue Faillon Est. 514-747-7876. 20$–35$. Cuisine libanaise. *C'est dans une ambiance vivante, à laquelle contribuent parfois des danseuses du ventre, que l'on peut goûter ici aux spécialités du Moyen-Orient comme le taboulé, le hoummos ou les chiche-kebabs. Le décor est ordinaire, mais attendez-vous à de bons plats à de bons prix.*

Le Piton de la Fournaise – 835, rue Duluth Est. Dîner seulement. Fermé lun. 514-526-3936. 20$–35$. Cuisine réunionnaise et créole. *En entrant dans ce restaurant vibrant, vous aurez l'impression de débarquer sur un quai de la Réunion en plein océan Indien. La cuisine s'inspire d'influences indiennes, africaines ou françaises et les lieux sont décorés avec des objets artisanaux provenant de l'île.*

Beauty's – 93, ave. Mont-Royal Ouest. 514-849-8883. Inf. 20$. Cuisine américaine. *Si vous aimez prendre en ville votre petit déjeuner ou votre brunch, alors venez faire la queue avec les gens branchés dans ce restaurant de style 1950. Bagels, saumon fumé et crêpes épaisses (pancakes) aux myrtilles se consomment en quantité dans cet établissement bondé du quartier du Plateau Mont-Royal.*

Tour/Excursion 3

Downtown–Vieux-Montréal–Vieux-Port–Parc Olympique
12 km/7.5 mi
Map following and Atlas page 26

Begin the tour downtown on Rue Sherbrooke at Rue Guy. **Rue Sherbrooke★★** combines a bustling retail sector with some of Montreal's choicest residences. Drive E to Rue Crescent. En route you'll pass the **Musée des**

Centre-ville–Vieux-Montréal–Vieux-Port–Parc Olympique
12 km/7,5 mi
Voir carte suivante et Atlas page 26

*Commencer le circuit dans le centre-ville au carrefour de la rue Sherbrooke et de la rue Guy. La **rue Sherbrooke★★** est à la fois une des adresses résidentielles les plus prisées de Montréal et une artère commerçante dynamique. Rouler vers l'E. jusqu'à la rue Crescent. En chemin, vous*

Beaux-Arts de Montréal★★ (no. 1380), a 140-year-old institution ranking among Canada's finest museums; the encyclopedic collection comprises over 30,000 objects, ranging from Old Masters to contemporary Canadian art. Turn right onto **Rue Crescent**★. The two blocks between Rues Sherbrooke and Sainte-Catherine are lined with charming Victorian structures, today occupied by fashionable boutiques, art galleries, fine fabric shops and restaurants.

Drive S to Blvd. René Lévesque, turn left and pass the **Basilique-Cathédrale Marie-Reine-du-Monde**★★ en route to Rue Mansfield. The ornate interior includes large paintings illustrating episodes in Canadian history.

Turn left onto Rue Mansfield, passing (on your right) **Place Ville-Marie**★★, a complex inspired by New York City's Rockefeller Center. Drive N to Rue Ste-Catherine and turn right. Montreal's main commercial artery, **Rue Sainte-Catherine** is lined with major department stores **Ogilvy** and **La Baie**, huge commercial centers and numerous boutiques. After business hours, the street becomes a lively nightspot, abounding in bars and clubs. Turn left onto **Ave. McGill College**, Montreal's busiest thoroughfare and a showplace for post-Modern architecture. Pass **Place Montréal Trust**★★, which houses over 100 shops and food vendors, and Eaton Centre (opposite). Drive N to Rue Sherbrooke to find **McGill University**★, Canada's oldest university (1821), established as an English-speaking institution. Turn right onto Rue Sherbrooke, passing the **Musée McCord d'Histoire canadienne**★★ (no. 690), where artifacts and photos elucidate the country's history.

Continue to Ave. Union and

Place de la Cathédrale

passerez devant le **musée des beaux-arts de Montréal**★★ (n° 1380). Cette institution fondée il y a 140 ans fait partie des grands musées du pays. Sa collection encyclopédique regroupe plus de 30 000 objets allant de toiles de vieux maîtres à l'art contemporain canadien.

Tourner à droite dans la **rue Crescent**★. D'une charmante architecture victorienne, les deux pâtés d'immeubles situés entre la rue Sherbrooke et la rue Sainte-Catherine sont aujourd'hui occupés par des boutiques à la mode, des galeries d'art et des restaurants.

Rouler vers le S. jusqu'au boul. René Lévesque, tourner à gauche et passer devant la **basilique-cathédrale Marie-Reine-du-Monde**★★ pour atteindre la rue Mansfield. L'intérieur de l'édifice est notamment décoré de grandes peintures retraçant des épisodes de l'histoire canadienne.

Tourner à gauche sur la rue Mansfield en longeant la **place Ville-Marie**★★ (sur votre droite), un complexe inspiré du Rockefeller Center de New York. Rouler vers le N. jusqu'à la rue Ste-Catherine et tourner à droite. La **rue Sainte-Catherine** est la principale artère commerçante de Montréal. Elle est bordée de grands magasins comme **Ogilvy** et **La Baie**, d'immenses centres commerciaux et de multiples boutiques. La nuit tombée, la rue demeure très animée grâce à ses nombreux bars et clubs.

Tourner à gauche à l'**avenue McGill College**, la voie la plus fréquentée du centre-ville, qui offre d'intéressants exemples d'architecture postmoderne. Remonter le long de la **place Montréal Trust**★★, qui compte plus de 100 boutiques et points de restauration, et du Centre Eaton

Vieux-Montréal

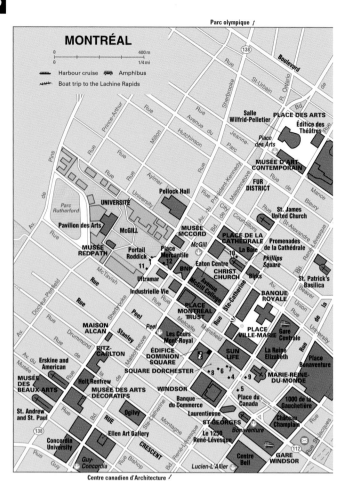

Parc olympique

MONTRÉAL

Harbour cruise — Amphibus
Boat trip to the Lachine Rapids

Centre canadien d'Architecture

turn right. Adjacent to **Place de la Cathédrale★**, you'll see Birks, considered the Tiffany's of Montreal. Drive S to Boul. René Lévesque and turn left; drive one block, then turn right onto Côte du Beaver Hall.

Drive S, cross Ave. Viger and continue as Côte du Beaver Hall becomes Rue McGill. Turn left onto Rue Notre-Dame to enter **Vieux-Montréal★★★**, the old section of the city once enclosed by stone walls. Drive E to Rue St-Sulpice and turn right. Montreal's most famous religious edifice rises on the edge of **Place d'Armes★**, the former grounds where troops presented arms. Completed in 1829, **Basilique Notre-Dame★★★ (Notre Dame Basilica★★★)** is especially renowned for its magnificent interior, a veritable gallery of religious art.

Go S to Rue de la Commune and turn left, driving along the **Esplanade**, an immense waterfront park offering excellent **views★** of the river. You'll pass the **Marché Bonsecours★**, constructed in

*(en face). Rouler vers le N. jusqu'à la rue Sherbrooke pour aboutir à l'**université McGill★**, la plus ancienne du Canada (1821) et anglophone dès sa fondation. Tourner à droite dans la rue Sherbrooke et passer devant le **musée McCord★★** (n° 690), dont les collections et les photos retracent l'histoire du Canada.*

*Rouler jusqu'à l'ave. Union et tourner à droite. Près de la **Place de la Cathédrale★**, vous verrez le magasin Birks, considéré comme le Tiffany de Montréal. Continuer vers le S. jusqu'au boul. René Lévesque et tourner à gauche. Au carrefour suivant, prendre à droite la côte du Beaver Hall.*

*Rouler vers le S., traverser l'ave. Viger et continuer jusqu'à ce que la rue change de nom et devienne rue McGill. Prendre à gauche la rue Notre-Dame pour entrer dans le **Vieux-Montréal★★★**, la partie la plus ancienne de la ville autrefois cernée de murs en pierre. Rouler vers l'E. pour atteindre la rue St-Sulpice et tourner à droite. Les édifices religieux les plus célèbres de Montréal bordent la **place d'Armes★**, où les troupes présentaient jadis les armes. Achevée en 1829, la **basilique Notre-Dame★★★** est en particulier fameuse pour son magnifique*

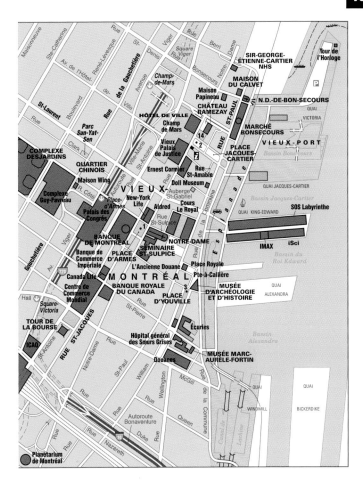

1845 to house Montreal's first interior market. On your right lies the **Vieux-Port★**, the largest grain port on the continent in the 1920s. Today much of the maritime traffic bypasses Montreal on the St. Lawrence Seaway.
Turn left onto Rue Berri and

Stade Olympique

drive N to Ave. Viger; turn left. Continue to Boul. St-Laurent and turn right, driving N to Rue Sherbrooke. Turn right onto Sherbrooke and continue E to end your tour at Olympic Park.
To accommodate the 1976 summer Olympic Games, **Parc olympique★★**—a gigantic sports complex covering 55ha/136 acres—was constructed in Montreal's East End. The park includes **Olympic Stadium** and tower

intérieur qui constitue une véritable galerie d'art sacré.
*Descendre jusqu'à la rue de la Commune et tourner à gauche pour suivre l'***Esplanade**, un long parc s'étirant au bord de l'eau d'où l'on jouit d'excellentes ***vues★*** sur le fleuve. Vous passerez notamment le long du **marché Bonsecours★**, construit en 1845 pour abriter le premier marché couvert de Montréal. En face, sur votre droite, se trouve le **Vieux-Port★**, qui fut, dans les années 1920, le plus grand port céréalier du continent. De nos jours, l'essentiel du trafic suit la voie maritime du Saint-Laurent sans escale à Montréal.
Tourner à gauche à la rue Berri, rouler vers le N. jusqu'à l'ave. Viger et tourner à gauche. Continuer jusqu'au boul. St-Laurent et tourner à droite en remontant vers le N. vers la rue Sherbrooke. Tourner à droite dans la rue Sherbrooke et continuer vers l'E. pour terminer votre circuit au parc olympique.
*Pour accueillir les Jeux Olympiques de 1976, un gigantesque complexe sportif couvrant 55ha/136 acres a été aménagé dans le quartier de Montréal-Est. Ce **parc olympique★★** inclut un **stade olympique** et une tour dont l'intérieur*

complex, the interior of which is large enough to accommodate Rome's Colosseum.
Located across from the park, the **Jardin botanique de Montréal**★★ includes 10,000 trees, 1,500 types of orchids and an extensive collection of bonsais.

*pourrait contenir le Colisée de Rome. Face au parc se trouve le **jardin botanique de Montréal**★★ qui compte 10 000 arbres, 1 500 variétés d'orchidées et une importante collection de bonsaïs.*

Laurentides ★★

Formed more than one billion years ago, the Laurentian Mountains are among the oldest in the world. To Montrealers, they are a year-round haven for recreational retreats. The region boasts many lakes and the highest concentration of alpine ski centers in North America. Weaving through forest-clad hills, the drive along Route 117 from Saint-Jérôme to Saint-Jovite is lovely, particularly in fall.

La formation des Laurentides remonte à plus d'un milliard d'années et le massif compte parmi les plus vieux du monde. Pour leurs loisirs, les Montréalais en profitent à longueur d'année. La région possède de multiples lacs et la plus forte concentration de centres de ski alpin en Amérique du Nord. Entre Saint-Jérôme et Saint-Jovite, la route 117 serpente au milieu de collines boisées et le trajet est très plaisant, surtout en automne.

Tour/Excursion 4

Saint-Jérôme – Sainte-Agathe-des-Monts – Saint-Jovite – Mont-Tremblant – Saint-Donat
188 km/116 mi
Map following and Atlas page 9

Situated 51km/32mi N of Montreal, **Saint-Jérôme** is known as the "Gateway to the Laurentians." This administrative center sits on a pleasant site beside the Nord River. To glimpse the river, stroll the **promenade** (between Rue de Martigny and Rue Saint-Joseph), a walkway lined with descriptive panels that recount the town's history.
From the center of Saint-Jérôme, take Rue de Martigny Est to Rte. 117 (Boul. Labelle) and continue N. Continue on Rte. 117 for 5km/3mi, then turn left on Rte. 364 and go 2km/1.2mi.
Nestled in the mountains, **Saint-Sauveur-des-Monts**★ boasts restaurants, fashion stores, craft shops, cafes and bars. It is the

Saint-Jérôme – Sainte-Agathe-des-Monts – Saint-Jovite – Mont-Tremblant – Saint-Donat
188 km/116 mi
Voir carte suivante et Atlas page 9

*Situé à 51km/32mi au N. de Montréal, **Saint-Jérôme** est surnommé la « porte des Laurentides ». Ce centre administratif occupe un site agréable le long de la rivière du Nord. Pour mieux voir la rivière, emprunter la **promenade** (entre la rue de Martigny et la rue Saint-Joseph) ponctuée de panneaux descriptifs retraçant l'histoire de la ville.*
Du centre de Saint-Jérôme, prendre la rue de Martigny Est pour rejoindre la rte 117 (boul. Labelle) et continuer vers le N. Rouler 5km/3mi, puis tourner à gauche pour prendre la rte 364 et continuer 2km/1,2mi.
*Nichée dans les montagnes, **Saint-Sauveur-des-Monts**★ offre au visiteur restaurants, boutiques de mode, magasins d'artisanat, cafés et bars. Cette station, la plus ancienne des Laurentides, est ouverte depuis 1930. Les pistes de ski du*

Bed and Board

Lodging

Fairmont Tremblant – *3045 Chemin de la Chapelle, Mont-Tremblant. 819-681-7000. $200–$300.* Rising above Mont-Tremblant Village, this resort hotel maintains the re-created 18C atmosphere of its surroundings. Inside its chateau-like exterior, guest rooms echo country charm, with pine furnishings and plaid fabrics. The on-site fine-dining restaurant, Loup-Garou ($35–$50), incorporates regional ingredients such as venison and maple syrup.

Restaurants

Restaurant La Forge – *Place St-Bernard, Mont-Tremblant. 819-681-4900. Over $50. Regional Canadian.* This inviting restaurant, with a bistro on the main floor, is located at the base of the ski lifts. White linen tablecloths, leather chairs and decorative tools help create its warm ambience. The open kitchen prepares regional dishes like Boileau deer tournedos with morello cherries and peppercorns.

Restaurant aux Tourterelles – *1141 Chemin Chantecler, Sainte-Adèle. 450-229-8160. $20–$35. French.* Nestled across from the lake, this cozy restaurant features a stone fireplace and walls trimmed in plum and orange. The fixed-price menu might include such delicacies as carrot and ginger soup, medallions of deer and raspberry coulis over pastry cream and lady fingers.

Cabane à sucre Millette – *1357 Rue St-Faustin, Saint-Faustin–Lac Carré. 819-688-2101. Under $20. Quebecois.* For an authentic Québécois experience, have a meal at this rustic "sugar shack." After touring the syrup-making facilities, enjoy folk music while you savor traditional favorites like Laurentian pea soup, maple-syrup smoked ham, and sausages in maple syrup.

Hébergement et restauration

Hébergement

Fairmont Tremblant – 3045, chemin de la Chapelle, Mont-Tremblant. 819-681-7000. 200$–300$. *Dominant le village du Mont-Tremblant, cet hôtel de vacances se fond dans le décor d'inspiration 18e s. de son environnement. Si sa façade extérieure ressemble à celle d'un château, les chambres ont un cachet rustique avec un mobilier en pin et des tissus écossais. Son restaurant, l'élégant **Loup-Garou** (35$–50$), propose au dîner une gastronomie locale et sert notamment du gibier au sirop d'érable.*

Restaurants

Restaurant La Forge – Place Saint-Bernard, Mont-Tremblant. 819-681-4900. Sup. 50$. Cuisine régionale canadienne. *Cet agréable restaurant de style bistrot se situe en bas des télésièges. Nappes blanches en tissu, chaises en cuir et outils décoratifs contribuent à sa chaude ambiance. Sa cuisine à vue prépare des plats régionaux comme le tournedos de cerf de Boileau aux griottes et aux grains de poivre.*

Restaurant aux Tourterelles – 1141, chemin Chantecler, Sainte-Adèle. 450-229-8160. 20$–35$. Cuisine française. *Situé de l'autre côté du lac, cet établissement confortable possède une cheminée et des murs en pierre rehaussés d'orange et de violet. Le menu de la table d'hôtes (prix fixes) peut inclure des délices comme le potage de carotte et gingembre, le médaillon de cerf ou le miroir aux framboises.*

Cabane à sucre Millette – 1357, rue St-Faustin, Saint-Faustin–Lac Carré. 819-688-2101. Inf. 20$. Cuisine québécoise. *Pour vivre une authentique expérience québécoise, arrêtez-vous dans cette auberge rustique. Après avoir visité son site de production de sirop d'érable, vous pourrez vous détendre avec de la musique folklorique tout en savourant un plat traditionnel comme la soupe aux pois des Laurentides, le jambon fumé au sirop d'érable ou les saucisses dans le sirop d'érable.*

oldest Laurentian resort, having welcomed visitors since 1930. The **Mont-Saint-Sauveur** ski center is one of the largest in the Laurentians. Return to Rte. 117, which continues its course through the mountains.

*mont Saint-Sauveur sont parmi les plus étendues du massif. Revenir sur la rte 117 qui serpente à travers les montagnes. Rouler 9km/6mi jusqu'à **Sainte-Adèle**★ qui occupe un **site**★ charmant sur le lac du même nom. Dominant la commune, le grand hôtel **Le Chante-***

Farther 9km/6mi, **Sainte-Adèle★** occupies a lovely **site★** around Lac Sainte-Adèle. Dominating the community, the vast resort **Hôtel Chantecler** boasts two downhill ski centers.

From the center of Sainte-Adèle, make a side trip to **Sainte-Marguerite-du-Lac-Masson★**, a quiet village on **Lac Masson**. Take Rte. 370 to the right for about 12km/7.5mi. After 4km/2.5mi, the road crosses the Nord River and passes Alpine Inn, an imposing log structure built in 1934. Before you reach Sainte-Marguerite-du-Lac-Masson, you'll glimpse several lakes.

Return to Sainte-Adèle and continue N 18km/11mi. Rte. 117 passes through Val-Morin and Val-David, known for their summer theater and resort hotels.

The capital of the Laurentides sits amid rolling mountains on the shores of **Lac des Sables★★**. A lively resort with numerous restaurants and inns, **Sainte-Agathe-des-Monts★** is also home to Le Patriote, the best-known summer theater in the region. Take the 11km/7mi **lake drive★** (from Rue Principale, before the dock, turn right on Rue Saint-Louis, then left on Chemin Tour du Lac), which crosses a tributary of the Nord River, then reaches a lookout (7km/4mi) that permits a good view of the lake. The road leads back to the village after passing lovely waterfront estates, a park and a long, sandy beach. Continue NW on Rte. 117 for 30km/18mi. To the S of Saint-Faustin-Lac-Carré, **Mont-Blanc** ski center is visible. **Saint-Jovite**, a tourist center of fairly recent vintage, is located in the valley of

cler est à proximité de deux centres de ski alpin.

*Du centre de Sainte-Adèle, faire un détour pour se rendre à **Sainte-Marguerite-du-Lac-Masson★**, un paisible village en bordure du **lac Masson**; prendre la rte 370 sur la droite et rouler environ 12km/7,5mi. Après 4km/2,5mi, la route traverse la rivière du Nord et passe près de l'Hôtel Alpine, une structure en rondins construite en 1934. Avant d'arriver à Sainte-Marguerite-du-Lac-Masson, vous verrez plusieurs lacs.*

Retourner à Sainte-Adèle et continuer 18km/11mi N. La rte 117 traverse Val-Morin et Val-David connus pour leur théâtre d'été et pour leurs hôtels.

*La capitale des Laurentides, **Sainte-Agathe-des-Monts★**, s'est développée sur les berges du **lac des Sables★★** au milieu de collines. C'est une station animée qui compte de nombreux restaurants et auberges, ainsi que le meilleur théâtre d'été de la région, Le Patriote. Prendre la **route du lac★** longue de 11km/7mi (de la rue Principale, avant le quai, tourner à droite sur la rue Saint-Louis, puis à gauche pour prendre le chemin Tour du Lac), qui enjambe un affluent de la rivière du Nord avant d'aboutir au belvédère (7km/4mi) dominant le lac. La route revient vers le village en longeant de charmantes demeures riveraines, un parc et une longue plage de sable.*

*Continuer sur la rte 117 vers le N.-O. et rouler 30km/18mi. Au S. de Saint-Faustin-Lac-Carré, on peut voir la station de ski de **Mont-Blanc**. **Saint-Jovite**, un centre touristique relativement récent, se trouve dans la vallée de la rivière du Diable. La station possède de nombreux restaurants, des magasins d'antiquités et des boutiques d'artisanat.*

*A partir de la rue Ouimet, tourner à droite sur la rue Limoges (rte 327) et rouler 6km/4mi vers le N. jusqu'au charmant **lac Ouimet** entouré de collines.*

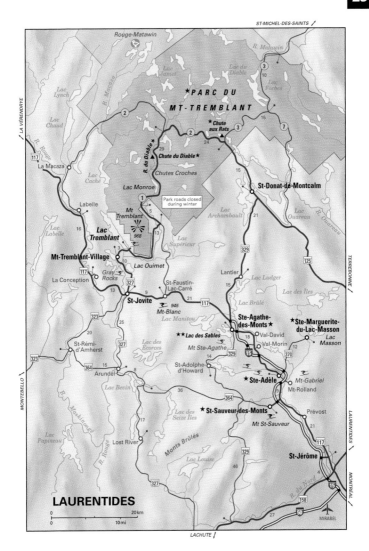

LAURENTIDES

0 — 20km
0 — 10mi

the Diable River. You'll find many restaurants, antique stores and craft shops here.

From Rue Ouimet turn right on Rue Limoges (Rte. 327) and drive N 6km/4mi to find lovely **Lac Ouimet** (6km/4mi), encircled by hills. The long ridge of Mt. Tremblant should be visible to the N. Overlooking the lake is Gray Rocks resort hotel, with ski slopes, sailing facilities and a golf course. Continue northward on Rte. 327. Lake Mercier marks the entrance to **Mont-Tremblant Village** (4km/2.5mi), renowned for its fine restaurants and year-round recreation. Rte. 327 continues 3km/2mi toward Lake Tremblant and the Mont-Tremblant ski center. Clean **Lac Tremblant** is famous for its fish (landlocked salmon, trout and muskie). The "Sleeping Giant" rises at the lake's northern end; Mt. Tremblant

*De là, on peut voir au N. la longue crête du mont Tremblant. Au-dessus du lac se trouve l'hôtel Gray Rocks avec des pistes de ski, une marina et un terrain de golf. Continuer sur la rte 327 vers le N. Le lac Mercier marque l'entrée du **village du Mont-Tremblant** (4km/2,5mi) renommé pour ses fins restaurants et pour ses activités à longueur d'année. La rte 327 continue 3km/2mi vers le lac Tremblant et le domaine skiable du Mont-Tremblant. Le **lac Tremblant** est réputé pour ses eaux propres et pour ses poissons (saumon ouananiche, truite, maskinongé). À la pointe N. du lac, un géant endormi se devine dans les formes montagneuses; à l'E., c'est le mont Tremblant qui domine le paysage.*

Depuis le lac Tremblant, prendre le chemin Duplessis (suivre le panneau indiquant le lac Supérieur) et rouler 13km/8mi jusqu'au carrefour avec la route de Saint-Faustin. Continuer 5km/3mi vers le N. pour atteindre l'entrée du Parc du Mont-Tremblant.

Mont-Tremblant Village

looms to the east.

From Lake Tremblant, take the Chemin Duplessis (follow sign indicating Lac Supérieur) for 13km/8mi to the junction with the road from Saint-Faustin. Continue 5km/3mi N to the entrance to Parc du Mont-Tremblant. Quebec's oldest provincial park, **Parc du Mont-Tremblant★** is a recreational wonderland, abounding in lakes and rivers. Winding roads and trails beckon hikers, especially in the fall. Moose, black bear, beaver, great blue herons and bald eagles frequent the park. From the Lac Supérieur entrance, take Park Road no. 1. This picturesque route follows the **Rivière du Diable★** from Mt. Tremblant ski area to Croches Falls. At **Lac Monroe**, 11km/7mi from the entrance, you'll find hiking trails and campsites.

Continue on Park Road no. 1 to **Chute du Diable★** (8km/5mi from Lac Monroe), where the dark waters of the Diable River drop steeply in a forceful fall.

N of the waterfall 10km/6mi, the road turns away from the river. Head E toward Saint-Donat on Park Road no. 2. En route, look for the **Chute aux Rats★**, created as the Pimbina River plunges over a cliff; a wooden stairway follows the falls to the top.

Continue SE to the park exit and then 10km/6mi to the resort community of **Saint-Donat-de-Montcalm**, set on the shores of Lake Archambault.

To end the tour continue S on Rte. 329 back to Sainte-Agathe-des-Monts. This is a lovely drive through mountains and past several lakes.

*Le **parc du Mont-Tremblant★** est le plus ancien des parcs provinciaux du Québec. Riche en lacs et en rivières, c'est un paradis pour les amateurs de nature. Ses routes sinueuses et ses sentiers sont appréciés des randonneurs, surtout en automne. L'orignal, l'ours noir, le castor, le grand héron et le pygargue à tête blanche font partie de la faune du parc.*

*À partir de l'entrée Lac Supérieur, prendre la route du parc n° 1. Cette route pittoresque suit la **rivière du Diable★**, du domaine skiable du mont Tremblant jusqu'aux chutes Croches. Au **lac Monroe**, à 11km/7mi de l'entrée du parc, vous trouverez des sentiers de randonnée et des sites où camper.*

*Continuer sur la route du parc n° 1 jusqu'à la **chute du Diable★** (à 8km/5mi du lac Monroe), où les eaux sombres de la rivière plongent de manière abrupte et avec force.*

*A 10km/6mi au N. de la cascade, la route s'éloigne de la rivière du Diable. Continuer vers l'E. en direction de Saint-Donat sur la route du parc n° 2. En chemin, s'arrêter à la **chute aux Rats★**, où la rivière Pimbina se brise dans le vide; un escalier en bois permet d'atteindre le sommet de la cascade.*

*Continuer vers le S.-E. jusqu'à la sortie du parc et rouler 10km/6mi pour atteindre la station touristique de **Saint-Donat-de-Montcalm** située sur la rive du lac Archambault.*

Continuer vers le S. sur la rte 329 pour revenir à Sainte-Agathe-des-Monts où se termine votre excursion. Le paysage de montagnes et de lacs rend le trajet très plaisant.

Quebec City/Québec ★★★

Built atop the Cape Diamant promontory jutting into the St. Lawrence River, Quebec's capital has delighted visitors for centuries. Throughout the years, Canada's oldest city has retained its Old World charm, presenting a mélange of fortifications, narrow cobblestone alleys, and elegant residences, all reflecting the city's traditional role as a military and administrative centre. Fine restaurants, outdoor cafes and a lively nightlife enhance the distinctive French flavor. In 1985 the city became the first urban centre in North America to be inscribed on UNESCO's World Heritage List.

Premier centre urbain d'Amérique du Nord à figurer sur la prestigieuse liste des villes du patrimoine mondial de l'UNESCO, la « vieille capitale » séduit par son site remarquable, ses élégantes demeures, ses fortifications et son caractère résolument français. Québec, c'est la flânerie, le plaisir de découvrir, au hasard de ses étroites ruelles pavées, de jolies maisons basses au toit pentu percé de lucarnes, ou encore de pittoresques boutiques d'art et d'artisanat, des restaurants à la cuisine savoureuse et des cafés-terrasses où il fait bon s'attabler en été. Pourtant, hors les murs, Québec est aussi une cité moderne aux gratte-ciel altiers, une ville de fonctionnaires, d'étudiants, et un centre industriel et portuaire.

Practicalities

Driving and Parking
Streets are narrow and congested in Upper Town and Lower Town. It's easiest to visit these areas on foot. Visitors may park in one of the city's designated parking areas such as those along Rue St-Paul and Rue Dalhousie.

Visitor Information
Centre Infotouriste: 12 Rue Sainte-Anne (across from Le Château Frontenac). Quebec City and Area Tourism & Convention Bureau: 835 Ave. Wilfrid-Laurier. 418-649-2608; www.quebecregion.com.

Shopping
These streets lend themselves well to strolling and shopping: Saint-Jean, Saint-Louis, Saint-Paul and Sainte-Anne, Petit-Champlain, Côte de la Fabrique, Grande Allée, 3rd Avenue, Cartier and Maguire.

Renseignements pratiques

Circulation et Parking
Dans la Haute-Ville comme dans la Basse-Ville, les rues sont étroites et encombrées. Il est plus facile de visiter ces quartiers à pied. On peut se garer dans une des zones autorisées comme le long des rues St-Paul ou Dalhousie.

Renseignements touristiques
Centre Infotouriste: 12, rue Sainte-Anne (face au Château Frontenac). Bureau d'information touristique du Vieux-Québec: 835, ave. Wilfrid-Laurier. 418-649-2608; www.quebecregion.com.

Shopping
Les rues suivantes sont toutes indiquées pour les flâneurs et pour les amateurs d'emplettes: Saint-Jean, Saint-Louis, Saint-Paul et Sainte-Anne, Petit-Champlain, Côte de la Fabrique, Grande Allée, 3ᵉ Avenue, Cartier et Maguire.

Bed and Board

Lodging

Auberge Saint-Antoine – *10 Rue St-Antoine. 418-692-2211 $200-$300*. A renovated 1822 warehouse and adjoining 18C merchant's house now compose one of the city's finest small hotels. Individually decorated, many guest rooms retain original stone walls and hand-hewn beams. Breakfast is an additional charge.

Fairmont Le Château Frontenac – *1 Rue des Carrières. 418-692-3861. $200-$300*. An enduring symbol of the city, this grande dame has hosted the likes of Queen Elizabeth and Winston Churchill. Well-appointed guest rooms vary in size, shape and view. The hotel's **Le Champlain** *(over $50)* serves French/Quebecois dishes that celebrate produce from the region.

Château Bonne Entente – *3400 Chemin Ste-Foy. 418-653-5221. $125-$200*. Convenient to Old Quebec and the airport, the Château offers the charms of a country inn, with modern amenities. There's a spa on the premises, and afternoon tea is served. Bedrooms boast distinct decor; family suites feature bunk beds and toys for the kids.

Hôtel Particulier Belley – *249 Rue St-Paul. 418-692-1694. $75-$125*. Old World charm in the form of brick walls and exposed beams, plus a great location in the Vieux-Port, make for a comfortable, reasonably priced stay. Simply decorated rooms rest above The **Tavern Belley** *(under $20)*, a popular local hangout that serves salads and sandwiches.

Le Manoir d'Auteuil – *49 Rue d'Auteuil. 418-694-1173. $75-$125*. Located in the Old City, this former private home (1835) boasts Art Deco details and bright, individually decorated rooms. If you're on a budget, ask for one of the smaller—and less expensive—rooms on the fourth floor. Rates include a continental breakfast.

Centre international de Séjour de Québec – *19 Rue Ste-Ursule. 418-694-0755. Under $75*. Located within the walls of the Old City, this youth hostel offers individual

Hébergement et restauration

Hébergement

Auberge Saint-Antoine – 10, rue St-Antoine. 418-692-221. 200$–300$. Cette auberge occupe un ancien entrepôt (1822) et la maison annexe d'un négociant datant du 18e s. Elle compte parmi les meilleurs hôtels de la ville dans sa catégorie. La décoration varie selon les chambres et la plupart ont toujours leurs murs d'origine en pierre et leurs poutres taillées à la main. Le prix du petit déjeuner n'est pas inclus.

Fairmont Le Château Frontenac – 1, rue des Carrières. 418-692-3861. 200$–300$. Symbole immuable de la ville, cette grande dame a hébergé des hôtes aussi prestigieux que la reine Elizabeth ou Winston Churchill. Bien aménagées, les chambres sont de tailles, de formes et de vues variables. Le restaurant de l'hôtel, *Le Champlain* (sup. 50$), propose des mets français et québécois en faisant honneur aux produits régionaux.

Château Bonne Entente – 3400, chemin Ste-Foy. 418-653-5221. 125$–200$. Bien situé par rapport au Vieux-Québec et à l'aéroport, cet établissement a tous les charmes d'une auberge campagnarde équipée du confort moderne. Il possède un centre de culture physique, et, l'après-midi, on sert le thé. Le décor des chambres est original; les suites familiales incluent des lits superposés et des jouets pour les enfants.

Hôtel Particulier Belley – 249, rue St-Paul. 418-692-1694. 75$–125$. Avec ses murs en briques et ses poutres apparentes, cet hôtel a un charme ancien. Proche du Vieux-Port, c'est un endroit confortable où séjourner à des prix raisonnables. Les chambres au décor simple sont à l'étage, au-dessus de la *Taverne Belley* (inf. 20$), un endroit fréquenté qui sert des salades et des sandwichs.

Le Manoir d'Auteuil – 49, rue d'Auteuil. 418-694-1173. 75$–125$. Située dans la vieille ville, cette ancienne demeure privée (1835) aux détails Art Déco offre des chambres lumineuses avec des décors individualisés. Si votre budget est limité, demandez une des petites chambres du troisième étage. Les tarifs incluent un petit déjeuner à l'européenne.

Centre international de séjour de Québec – 19, rue Sainte-Ursule. 418-694-0755. Inf. 75$. Cette auberge de jeunesse se trouve à l'intérieur des murs du Vieux-

rooms accommodating two to eight people. Both a cafeteria and kitchen are available on-site.

Restaurants

Le Saint-Amour – *48 Rue Sainte-Ursule. 418-694-0667. Over $50. French-Québécois.* Dine in casual elegance in the cheery, tile-floored atrium, where Quebec duck foie gras and Inuit caribou steak with juniper berries typify the traditional cuisine served here.

Le Continental – *26 Rue St-Louis. 418-694-9995. $35-$50. Continental.* One of the oldest restaurants in the city, this local favorite near Château Frontenac serves up rack of lamb and duckling à l'orange as well as seafood and steak. Professional service prevails in the dining room, where dark blue walls and wood paneling impart a simple elegance.

Le Café du Monde – *57 Rue Dalhousie. 418-692-2455. $20-$35. French.* A menu featuring steak and French fries, breast of duck and mussels can only mean you've landed in this popular Parisian-style bistro. In addition to the food, a cozy atmosphere and gregarious waiters make for a pleasant dining experience.

Les Épices du Szechwan – *215 Rue St-Jean. 418-648-6440. $20-$35. Chinese.* Located in an old house in the St-Jean-Baptiste district of Old Quebec, Les Épices offers tasty Chinese dishes, which—true to its name—emphasize the fiery spices typical of China's Szechwan region.

Portofino – *54 Rue Couillard. 418-692-8888. $20-$35 Italian.* Choose from a variety of homemade pastas and wood-fired pizzas in this boisterous trattoria. Or sample specialties like veal scallopini and rack of Quebec lamb. Throw in the noise level of a good time and the flags of Italian soccer teams, and you'll soon be singing "Amore."

Québec. Elle propose des chambres de 2 à 8 personnes, ainsi qu'une cafétéria et une cuisine sur place.

Restaurants

Le Saint-Amour – 48, rue Sainte-Ursule. 418-694-0667. Sup. 50$. *Cuisine française et québécoise. Dînez dans le jardin d'hiver plein de gaieté de ce restaurant à l'élégance décontractée. Le foie gras de canard du Québec et la saisie de caribou des Inuits aux baies de genièvre sont de bons exemples de la cuisine traditionnelle préparée par la maison.*

Le Continental – 26, rue St-Louis. 418-694-9995. 35$–50$. *Cuisine européenne. Proche du Château Frontenac, c'est l'un des plus vieux restaurants de la ville, où l'on peut commander aussi bien un carré d'agneau ou un caneton à l'orange qu'un châteaubriand, un poisson ou des fruits de mer. Dans la salle à manger d'une simple élégance avec ses murs bleu foncé et ses boiseries, le service est sophistiqué.*

Le Café du Monde – 57, rue Dalhousie. 418-692-2455. 20$–35$. *Cuisine française. Avec son steak-frites, son magret de canard et ses moules, le menu ressemble beaucoup à celui d'un petit restaurant parisien. Un bon endroit où dîner dans une atmosphère confortable et avec des serveurs sympathiques.*

Les Épices du Szechwan – 215, rue St-Jean. 418-648-6440. 20$–35$. *Cuisine chinoise. Occupant une ancienne maison du quartier St-Jean-Baptiste dans le Vieux-Québec, ce restaurant prépare des plats chinois assaisonnés de fortes épices de la région du Sichuan.*

Portofino – 54, rue Couillard. 418-692-8888. 20$–35$. *Cuisine italienne. Cette trattoria très animée sert tout un choix de pâtes faites maison et de pizzas cuites au feu de bois. Vous pourrez aussi goûter aux spécialités comme les escalopes de veau et le carré d'agneau du Québec. Dans l'ambiance bruyante et bon enfant, au milieu des fanions des équipes de football italiennes, vous vous mettrez bientôt à chanter* Amore.

Tour/Excursion 5

Upper Town, The Citadel, Lower Town, Old Port
4.3 km/2.7 mi
Map following

Haute-Ville, Citadelle, Basse-Ville, Vieux-Port
4,3 km/2,7 mi
Voir carte suivante

Vieux-Québec★★★, the oldest part of the city, is divided into **Upper Town★★★**, set atop massive Cape Diamant, and **Lower Town★★★**, nestled between the rocky cliff and the St. Lawrence. To absorb the character of the narrow, winding streets, it's best to visit the Old City on foot.

Begin your walking tour of Upper Town at **Place d'Armes★★**, a pleasant square once used for military drills. The city's most prominent landmark, hotel **Château Frontenac★★**, dominates the square. Walk W (away from the river) along **Rue Saint-Louis**. At no. 39, stop in at the **Musée d'Art Inuit Brousseau★ (M⁶)** to discover the magical world of the Inuit; the permanent collection ranges from the prehistoric to the contemporary.

*La partie la plus ancienne de la ville, le **Vieux-Québec★★★**, se compose de la **Haute-Ville★★★**, perchée sur le promontoire du cap Diamant, et de la **Basse-Ville★★★**, blottie en contrebas entre les parois rocheuses et le fleuve Saint-Laurent. Pour mieux apprécier le charme des rues étroites et sinueuses, il est préférable de parcourir à pied ces vieux quartiers.*

*Commencer votre promenade dans la Haute-Ville sur la **place d'Armes★★**, utilisée autrefois pour les exercices militaires. Principal point de repère de la ville, le **Château Frontenac★★**, qui est en fait un hôtel, domine la place.*

Château Frontenac and Terrasse Dufferin

ranges from the prehistoric to the contemporary.

Opposite stands the **Monastère des Ursulines★★**, founded in 1639. It remains the oldest educational institution for young women in America.

Continue W on Rue Saint Louis and turn right on Rue Sainte-Ursule. At the next street, turn right again, and continue to Rue Sainte-Anne, where you'll walk past (on your left) the Hôtel de ville de Québec (City Hall).

At no. 10 Rue Sainte-Anne, the **Musée du Fort★ (M¹)** houses a narrated sound and light presentation on the city's military and civil history.

To see the **Citadelle★★**, follow Rue Saint-Louis from Place d'Armes to Côte de la Citadelle, turn left and follow the street to its end. Enter through the Durnford gate. The star-shaped plan of the present citadel (1852) is typical of the fortifications designed by the marquis de Vauban,

*Marcher vers l'O. (en vous éloignant de la rivière) le long de la **rue Saint-Louis**. Au nº 39, visiter le **musée d'art inuit Brousseau★ (M⁶)** pour découvrir le monde magique des Inuits; sa collection permanente compte des objets aussi bien préhistoriques que contemporains.*

*Face au musée se dresse le **monastère des Ursulines★★**. Fondé en 1639, il demeure la plus ancienne institution d'éducation de jeunes filles sur le continent américain.*

Continuer vers l'O. sur la rue Saint-Louis et tourner à droite sur la rue Sainte-Ursule. Au carrefour suivant, tourner de nouveau à droite pour emprunter la rue Sainte-Anne et remonter vers l'hôtel de ville (sur votre gauche).

*Au nº 10 de la rue Sainte-Anne, le **Musée du fort★ (M¹)** propose un spectacle son et lumière sur le thème de l'histoire militaire et civile de la ville.*

*Pour atteindre la **Citadelle★★**, suivre la rue Saint-Louis depuis la place d'Armes, tourner à gauche sur la côte de la Citadelle et la suivre jusqu'au bout. Pénétrer par la porte Durnford. Le plan en étoile si typique de la citadelle actuelle (1852)*

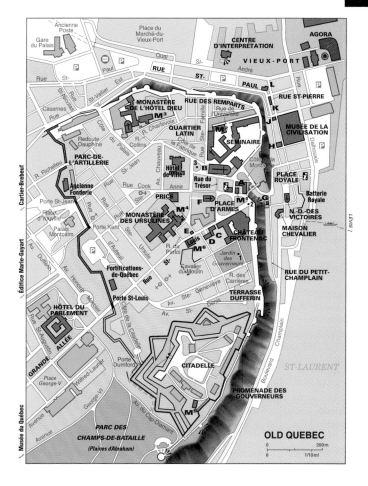

military engineer of France under Louis XIV.

Leave the citadel by the Durnford gate and take the path to the left, which ascends to the ramparts; continue towards the St. Lawrence River. Take the **Promenade des Gouverneurs**★★ alongside the citadel's outer wall in the direction of Château Frontenac to reach **Terrasse Dufferin**★★★, a wide boardwalk offering breathtaking **views**★★. From Dufferin Terrace, take the funicular (cable car) or descend the steep Frontenac stairway to Lower Town. Follow Côte de la Montagne down the hill to the

Musée du Fort

est inspiré des fortifications conçues par le marquis de Vauban, qui fut ingénieur militaire sous Louis XIV.

*Quitter la citadelle par la porte Durnford, prendre sur la gauche le sentier montant vers les remparts et se diriger vers le Saint-Laurent. Continuer sur la **promenade des Gouverneurs**★★ qui longe les murs extérieurs de la citadelle en direction du Château Frontenac pour atteindre la **terrasse Dufferin**★★★. D'un large belvédère en bois s'offrent des **vues**★★ à couper le souffle. Au bout de la terrasse, prendre le funiculaire ou l'escalier Frontenac aux marches raides pour descendre vers la Basse-Ville. Descendre la côte de la Montagne jusqu'à l'escalier Casse-Cou (sur la droite) qui aboutit à la rue du*

Casse-Cou stairway (on the right) leading to Rue du Petit-Champlain.

Begin your tour of Lower Town at **Rue du Petit-Champlain**★, a cobblestone alley boasting all sorts of shops. At no. 80 **L'Oiseau du Paradis** features lamps, masks and handmade papers. At **Soierie Huo** (no. 91), you'll find wool and chiffon scarves. Turn left onto Blvd. Champlain, where **La Dentellière** (no. 56) stocks lace by Quebec craftswomen.

At the corner of Boul. Champlain and Rue du Marché-Champlain, imposing **Chevalier House**★ features exhibits on traditional Quebec architecture and furniture. Turn left onto Rue Notre-Dame and continue past **Place Royale**★★, a charming cobblestone square. Walk to Rue du Porche, turning right, and then left onto **Rue Saint-Pierre**★ to reach the **Musée de la civilisation**★★. Inside, exhibits illustrate such themes as language, natural resources, and the human body. Continue N on Rue Saint-Pierre and turn left on **Rue Saint-Paul**★. Converted into antique shops, art galleries and restaurants, most of the houses on the south side of the street date back to 1850.

Turn right onto Rue des Navigateurs to end the tour at the **Vieux-Port**★. The Old Port of Quebec **interpretation center**★ (100 Rue Saint-André) offers an excellent look at the port city's prominence during the 19C.

Petit-Champlain.

*Commencer votre visite de la Basse-Ville par la **rue du Petit-Champlain**★, une allée pavée commerçante. Au n° 80, **L'Oiseau du Paradis** vend des lampes, des masques et des papiers faits main. A la **Soierie Huo** (n° 91), vous trouverez des écharpes en laine et en mousseline. Tourner à gauche sur le boul. Champlain, où **La Dentellière** (n° 56) propose des ouvrages réalisés par des artisanes québécoises.*

*Au carrefour du boul. Champlain et de la rue du Marché-Champlain vous découvrirez l'imposante **maison Chevalier**★. On peut visiter les lieux et leurs expositions sur l'architecture et le mobilier traditionnels du Québec.*

*Tourner à gauche dans la rue Notre-Dame et continuer jusqu'à une charmante place pavée, la **place Royale**★★. Continuer vers la rue du Porche, tourner à droite, puis à gauche sur la **rue Saint-Pierre**★ et la remonter jusqu'au **Musée de la civilisation**★★. Ses expositions portent sur des thèmes variés comme le langage, le corps humain ou les ressources naturelles.*

*Continuer vers le N. dans la rue Saint-Pierre et tourner à gauche dans la **rue Saint-Paul**★. Aujourd'hui converties en magasins d'antiquités, en galeries d'art et en restaurants, la plupart des maisons du côté Sud de la rue datent du milieu du 19ᵉ s.*

*Prendre à droite la rue des Navigateurs pour terminer le circuit au **Vieux-Port**★. Son excellent **centre d'interprétation**★ (100, rue Saint-André) permet de saisir l'importance des activités portuaires de la ville au 19ᵉ s.*

Place Royale

Fjord du Saguenay ★★★

Measuring 155km/96mi in length, the Saguenay River flows into the southernmost fjord in the world, the majestic Saguenay Fjord, which discharges its waters into the St. Lawrence. The stark beauty of the river's southern section has attracted visitors for many years. Most choose to take a scenic river cruise, but the fjord can also be enjoyed by exploring the villages nestled along its shores.

Longue de 155km/96mi, la rivière Saguenay coule dans un majestueux fjord dont les eaux alimentent le fleuve Saint-Laurent. Parmi tous les fjords du monde, celui du Saguenay est le plus méridional. La grande beauté de sa partie Sud attire les visiteurs depuis de nombreuses années. La plupart choisissent de le découvrir avec une croisière en bateau, mais on peut aussi le faire par la route en explorant les villages blottis le long des berges.

Fjord du Saguenay

Tour/Excursion 6

Tadoussac–Saguenay–L'Anse-Saint-Jean
250 km/155 mi
Map following and Atlas pages 14, 13

Tadoussac–Saguenay–L'Anse-Saint-Jean
250 km/155 mi   Voir carte
suivante et Atlas pages 14, 13

Begin in the tiny community of **Tadoussac**★★ (220km/136mi NE of Quebec City), which occupies a magnificent site at the mouth of the Saguenay on the cliffs lining the St. Lawrence. This resort town is popular as a place to see migrating whales. Whale-watching and scenic **cruises**★★ depart from the marina seasonally. The village is dominated by the red roofs of the **Hotel Tadoussac**, dating from 1941. Facing the hotel, a boardwalk extends along the river, connecting a reconstructed trading post and a tiny Indian chapel (1747).
Take Rte. 172 NW 17km/11mi to Sacré-Coeur, turn left and drive 8km/5mi to reach **L'Anse de Roche**, a small cove offering a splendid **view**★ of the fjord and the massive power lines that span it.
Return to Rte. 172 and continue

*Commencer le circuit dans la petite commune de **Tadoussac**★★ (220km/136mi au N.-E. de la ville de Québec), qui occupe un site magnifique à l'embouchure de la rivière Saguenay et sur les falaises bordant le Saint-Laurent. L'endroit est fameux comme point d'observation de la migration des baleines. Durant la saison touristique, des bateaux de **croisière**★★ partent du port de plaisance. Le village est dominé par les toits rouges de l'**Hôtel Tadoussac** datant de 1941. Face à l'hôtel, une promenade en bois suit la rivière en reliant un poste de traite reconstruit et une minuscule chapelle indienne (1747).*
*Prendre la rte 172 et rouler 17km/11mi vers le N.-O. en direction de Sacré-Cœur. Tourner ensuite à gauche et rouler 8km/5mi jusqu'à l'**anse de Roche**. De cette petite anse, vous aurez une **vue**★ splendide du fjord et des lignes à haute tension qui le traversent.*
*Revenir vers la rte 172 et continuer 69km/43mi en direction de **Sainte-***

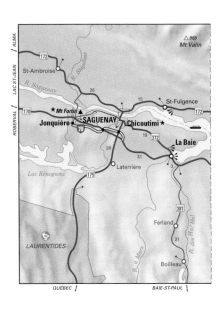

69km/43mi to enter **Sainte-Rose-du-Nord**. Turn left at the sign. Founded in 1838, this charming village is nestled in a cove between two rocky escarpments. A stroll down to the wharf reveals an exceptional **site★★** while a walk to the scenic lookout provides a great view of the fjord. Return to Rte. 172. On its descent towards **Saint-Fulgence** (28km/17mi), Rte. 172 affords a fine **panorama★** of the fjord's western end. Continue 16km/10mi to **Chicoutimi★**(part of the City of Saguenay), which sits on the banks of the Saguenay River at the point where it becomes a spectacular fjord. Site of a fur-trading post in the mid-17C, the town is today the administrative center of the region. Visit the **interpretation center★** (300 Rue Dubuc) for **La pulperie de Chicoutimi**,

*Rose-du-Nord. Tourner à gauche au panneau. Etabli en 1838, ce charmant village est protégé dans une anse par deux escarpements rocheux. Une courte promenade jusqu'au quai révèle un **site★★** exceptionnel et du belvédère voisin s'offre une superbe vue du fjord.*
*Reprendre la rte 172. Dans la descente vers **Saint-Fulgence** (28km/17mi), un beau **panorama★** se déroule sur la partie Ouest du fjord. Continuer 16km/10mi pour atteindre **Chicoutimi★** (aujourd'hui arrondissement de la ville de Saguenay). Construite sur les berges de la rivière Saguenay, à l'endroit où naît ce fjord spectaculaire, cet ancien poste de traite des fourrures du milieu du 17ᵉ s. est maintenant le centre administratif de la région. Visiter le **centre d'interprétation★** (300, rue Dubuc) consacré à la **pulperie de Chicoutimi**, un important complexe industriel du Québec du début du 20ᵉ s. Emprunter la rte 372 et rouler 19km/*

Hotel Tadoussac

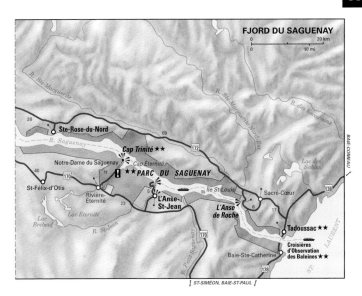

| ST-SIMÉON, BAIE-ST-PAUL |

an important industrial complex in Quebec in the early 20C.
Take Rte. 372 for 19km/12mi to find **La Baie** (part of the City of Saguenay), an industrial center occupying a lovely **site**★ on an inlet popularly known as Baie des Ha! Ha! Just before Rte. 372 begins its descent to Mars River in Ha! Ha! Bay, a lookout provides an excellent **view**★★. Farther on, Rte. 372 joins Rte. 170, which skirts the bay and offers lovely vistas along a 12km/7mi stretch.
Continue 43km/27mi on Rte. 170 to Rivière-Éternité. Turn left at the sign to visit **Parc du Saguenay**★★. An interpretation center located at the end of the Éternité River valley features exhibits tracing the origins of the fjord. Popular areas within the park include Éternité Bay, one of the prettiest coves on the fjord, dominated by the twin cliffs, **Cap Trinité**★★ and Cap Éternité.
Return to Rte. 170 and continue E 23km/14mi to end the tour in **L'Anse-Saint-Jean**. Turn left at the sign. This tiny community at the mouth of the Saint-Jean River was founded in 1828. Note the covered **Faubourg Bridge** that spans the Saint-Jean River near the church.

*12mi jusqu'à **La Baie** (aujourd'hui arrondissement de la ville de Saguenay). Ce centre industriel occupe un beau site★ que l'on appelle familièrement la baie des Ha! Ha! Juste avant la descente de la rte 372 vers la rivière à Mars et la baie des Ha! Ha!, un belvédère permet une excellente **vue**★★. Plus loin, la rte 372 rejoint la rte 170, qui longe la baie avec un charmant panorama sur un trajet de 12km/7mi.*
*Continuer 43km/27mi sur la rte 170 en direction de Rivière-Éternité. Tourner à gauche au panneau pour visiter le **parc du Saguenay**★★. Un centre d'interprétation situé à l'extrémité de la vallée de la rivière Éternité explique comment s'est formé le fjord. La baie Éternité, que surplombent deux falaises, le **cap Trinité**★★ et le cap Éternité, est l'une des plus belles anses du fjord et l'un des endroits du parc les plus visités.*
*Revenir sur la rte 170 et continuer 23km/ 14mi vers l'E. pour terminer l'excursion à **L'Anse-Saint-Jean**. Tourner à gauche au panneau. Cette petite communauté implantée à l'embouchure de la rivière Saint-Jean a été fondée en 1828. Vous noterez le **pont du Faubourg**, une structure couverte qui enjambe la rivière près de l'église.*

Resolution Island

0   200   400 mi
0   200   400   600 km

Cape Chidley

ngava / Bay

Mont d'Iberville 1,652 m

LABRADOR SEA

George

TORNGAT MOUNTAINS

N E W F O U N D L A N D

Nain

Natuashish

Hopedale

L A B R A D O R

Cartwright

Schefferville

Happy Valley-Goose Bay

Churchill Falls

(500)

Churchill

Labrador City

Wabush

Fermont

Atikonak Lake

A N D   L A B R A D O R

Red Bay

St. Anthony

Blanc-Sablon

St. Barbe

(389)

Réservoir Manicouagan

(430)

Havre-St-Pierre

Sept-Îles

Port-Menier

Corner Brook

Grand Falls-Windsor

(138)

St. Lawrence

Anticosti Island / Île d'Anticosti

NEWFOUNDLAND ISLAND

Baie-Comeau

Mt. Jacques-Cartier 1,268 m

Stephenville

St-Laurent

(132)

Gaspé

(1)

Matane

(132)

Golfe du St-Laurent / Gulf of St. Lawrence

Channel-Port aux Basques

Rimouski

(132)

Campbellton

Cap-aux-Meules

Îles-de-la-Madeleine (Québec)

St-Pierre

ST-PIERRE AND MIQUELON (France)

(11)

(17)

Bathurst

Edmundston

Miramichi

P.E.I.

Souris

Sydney

Grand Falls

NEW BRUNSWICK

Summerside

(105)

Cape Breton Island

NE

(2)

Moncton

Charlottetown

(4)

Fredericton

(104)

(95)

(3)

(7)

(1)

Truro

(7)

Calais

Saint John

(101)

Bangor

Digby

Dartmouth

Halifax

Sable I. (Nova Scotia)

(1)

Lunenburg

ATLANTIC OCEAN

Yarmouth

(101)

(103)

NOVA SCOTIA

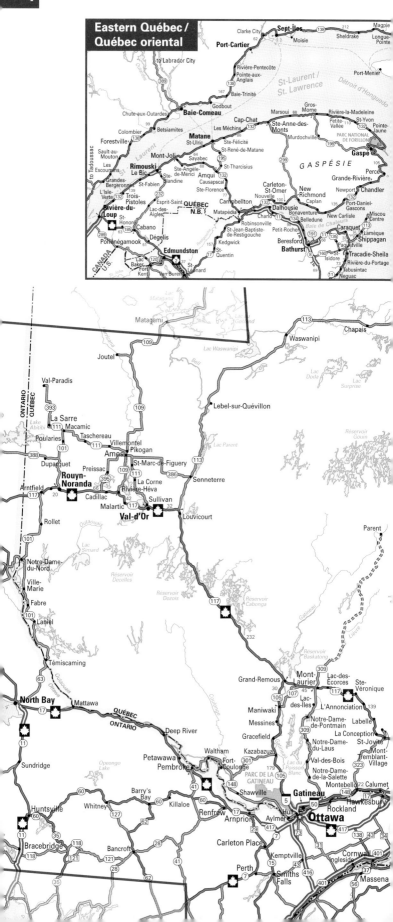

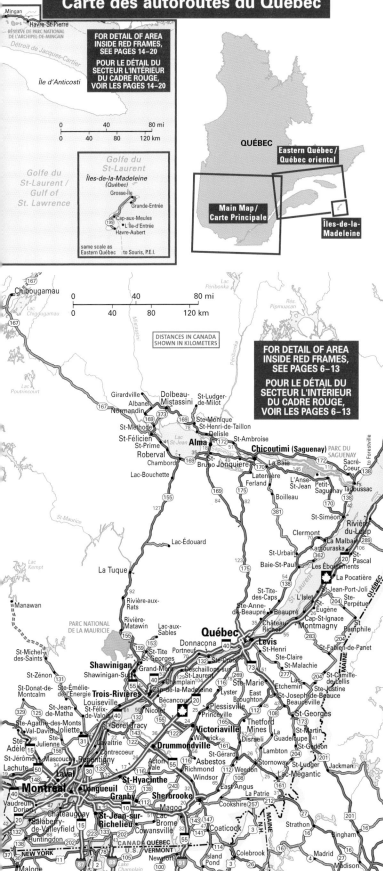

Québec Highway Map/
Carte des autoroutes du Québec

FOR DETAIL OF AREA INSIDE RED FRAMES, SEE PAGES 14–20

POUR LE DÉTAIL DU SECTEUR L'INTÉRIEUR DU CADRE ROUGE, VOIR LES PAGES 14–20

Mingan
Havre-St-Pierre
RÉSERVE DE PARC NATIONAL DE L'ARCHIPEL-DE-MINGAN
Détroit de Jacques-Cartier
Île d'Anticosti

0   40   80 mi
0   40   80   120 km

Golfe du St-Laurent / Gulf of St. Lawrence

Golfe du St-Laurent
Îles-de-la-Madeleine (Québec)
Grosse-Île
Grande-Entrée
Cap-aux-Meules
L'Île-d'Entrée
Havre-Aubert
(199)

same scale as Eastern Québec   to Souris, P.E.I.

QUÉBEC

Eastern Québec / Québec oriental

Main Map / Carte Principale

Îles-de-la-Madeleine

Chibougamau
(167)
Lac Chiggugamau
(167)

Lac Péribonka
Rés. Pipmuacan

0   40   80 mi
0   40   80   120 km

DISTANCES IN CANADA SHOWN IN KILOMETERS

Lac Poutrincourt

FOR DETAIL OF AREA INSIDE RED FRAMES, SEE PAGES 6–13

POUR LE DÉTAIL DU SECTEUR L'INTÉRIEUR DU CADRE ROUGE, VOIR LES PAGES 6–13

Girardville
Albanel
Normandin
Dolbeau-Mistassini
St-Ludger-de-Milot
(167)
(169)
(373)
(169)
St-Méthode
Ste-Monique
St-Henri-de-Taillon
Delisle
St-Ambroise
to Forestville
St-Félicien
St-Prime
Roberval
Chambord
Lac St-Jean
Alma
Chicoutimi (Saguenay)
PARC DU SAGUENAY
Sacré-Coeur
(172)
(138)
Lac-Bouchette
(169)
Bruno Jonquière
(170)
La Baie
(145)
Laterrière
Ferland
L'Anse-St-Jean
Petit-Saguenay
Tadoussac
(138)
(42)
Boilleau
(381)
(169)
(175)
(170)
St-Siméon
St-Maurice
(155)
Clermont
Rivière-du-Loup
Lac-Édouard
St-Urbain
La Malbaie
Kamouraska
(289)
(362)
(20)
St-Pascal
La Tuque
Baie-St-Paul
Les Éboulements
La Pocatière
(106)
(155)
(175)
St-Jean-Port-Joli
Ste-Perpétue
(204)
Lac Kempt
St-Tite-des-Caps
L'Islet
St-Eugène
Cap-St-Ignace
Montmagny
St-Pamphile
Rivière-aux-Rats
Ste-Anne-de-Beaupré
Beaupré
Château-Richer
(283)
St-Fabien-de-Panet
Manawan
Rivière-Matawin
Lac-aux-Sables
(155)
(153)
(159)
St-Tite
St-Georges
Québec
Donnacona
Portneuf
(40)
Lévis
St-Henri
Ste-Croix
St-Claire
St-Malachie
(277)
St-Camille-de-Lellis
St-Michel-des-Saints
Shawinigan
Shawinigan-Sud
Grand-Mère
(132)
(269)
(73)
(51)
(204)
St-Zénon
(131)
Champlain
(116)
Lyster
East Broughton
St-Joseph-de-Beauce
Beauceville
St-Donat-de-Montcalm
Ste-Émélie-de-l'Énergie
Trois-Rivières
(55)
(40)
Cap-de-la-Madeleine
(155)
Bécancour
(20)
Plessisville
Princeville
(112)
(108)
St-Georges
(173)
St-Martin
St-Agathe-des-Monts
Val-David
Louiseville
St-Félix-de-Valois
St-Jean-de-Matha
Joliette
(329)
(125)
(40)
(153)
Nicolet
(122)
Warwick
Victoriaville
Thetford Mines
Disraeli
La Guadeloupe
St-Gédéon
Ste-Adèle
Ste-Julienne
Lavaltrie
(31)
(158)
(143)
Drummondville
(122)
St-Gérard
Lambton
Stornoway
(204)
(201)
St-Jérôme
Mascouche
Repentigny
Contrecoeur
Acton Vale
(116)
Asbestos
(112)
Weedon
Lac-Mégantic
St-Ludger
Jackman
Lachute
(50)
(30)
(133)
St-Hyacinthe
Richmond
Windsor
East Angus
La Patrie
(161)
Laval
(148)
(137)
Granby
Sherbrooke
(243)
(212)
Montréal
Longueuil
(112)
Magog
Cookshire
(257)
(27)
(201)
Vaudreuil
Dorion
(40)
(10)
St-Jean-sur-Richelieu
Lac Brome
Cowansville
(143)
(147)
Strathon
Bingham
(16)
Châteauguay
Salaberry-de-Valleyfield
Huntingdon
(132)
(223)
(133)
Coaticook
(141)
(114)
Madrid
(27)
Madison
(202)
CANADA
QUÉBEC
(55)
(138)
NEW YORK
(11)
(78)
(105)
U.S.
VERMONT
Newport
Island Pond
Colebrook
(16)
(87)
(2)
(89)
Lake Champlain
(91)
Malone
(100)
N.H.
(26)

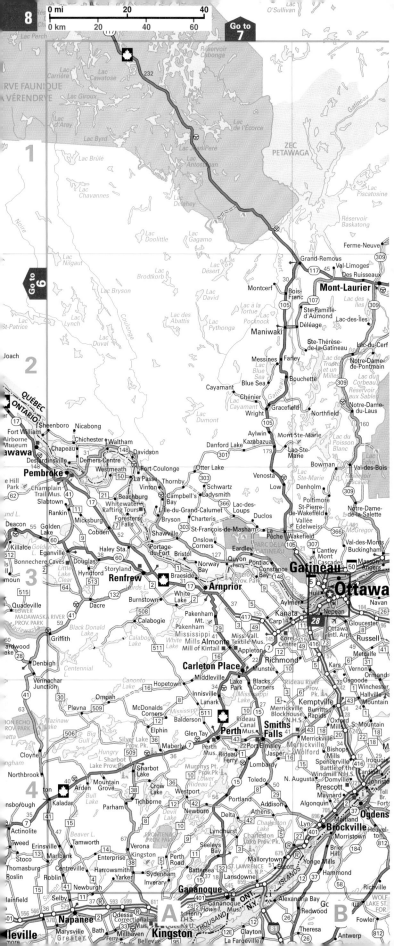

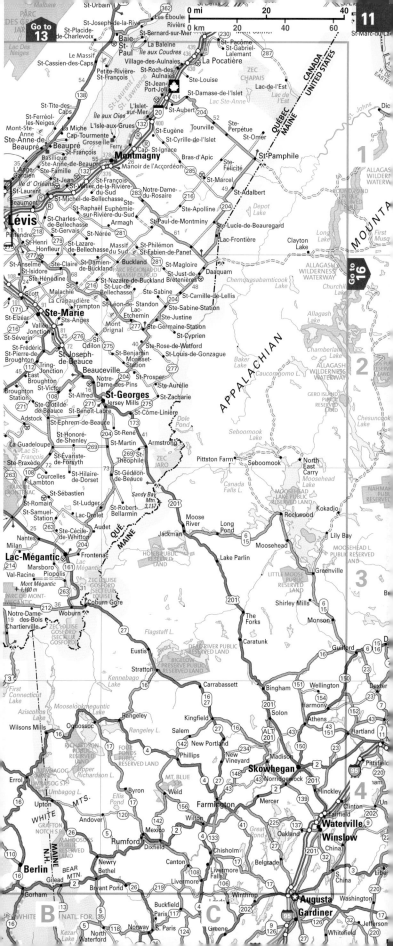

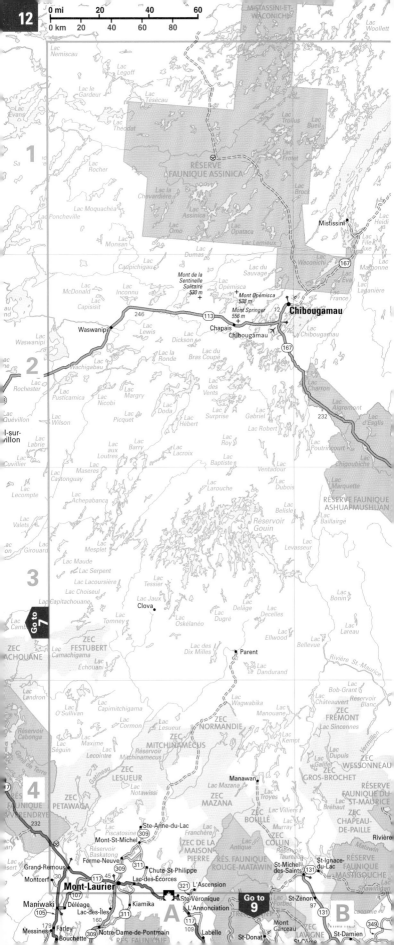

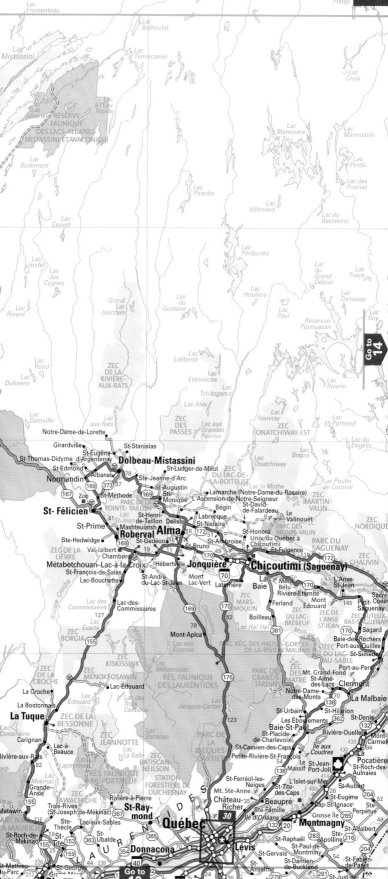

Go to 14

Go to 10

Go to

QUÉ. MAINE

Lac Marceau
Lac Manicouagan
Lac Grandmesnil
Lac Dechêne
Île René-Levasseur
Lac Brooch
Grand Lac Germain
Moisie
389
Lac Bardoux
Lac Berté
Lac Nipissis
Réservoir Manicouagan
Lac Aguenier
Grand Lac des Rapides
ZEC MATIMEK
Barrage Daniel-Johnson Manic-Cinq
Lac Lemay
Ste-Anne
Lac Mauvais Bois
RÉS. FAUNIQUE DES
Lac Picard
Lac Curot
389
Lac Okaopeo
Lac St-Pierre
Clarke City
Sept-Îles
SEPT-ÎLES PORT-CARTIER
Lac Pasteur
Réservoir Outardes Quatre
Lac Fléché
Gallix
62
Sept-Îles
Gallix
Lac de la Blache
Lac Boily
Réservoir Manic Trois
Lac Duburon
Paul-Côté
Lac Pentecôte
Port-Cartier
213
Lac Amariton
Rivière-Pentecôte
167
Pointe-aux-Anglais
138
Lac le Barbier
ZEC VARIN
Lac Dionne
Réservoir Manic Deux
ZEC TRINITÉ
Lac des Monts
Baie-Trinité

Go to 13

ZEC DE LABRIEVILLE
385
Lac au Loup Marin
Lac Franquelin
389
Barrage Manic-Deux
Franquelin
Godbout
St-Laurent / St. Lawrence
Cap-au-Renard
Baie-Comeau
Ste-Anne-des-Monts
Tourelle
ZEC FORESTVILLE
Chute-aux-Outardes
Pointe-Lebel
Baie-Comeau
Cap-Chat
99
Les Buissons
Pointe-aux-Outardes
Les Méchins
Cap-Seize
Lac Laval
138
Baie aux Outardes
Grosses-Roches
132
86 Petit Chic-Choc
Mont Logan 1,135 m
Betsiamites
Petit-Matane
St-Jean-de-Cherbourg
RÉSERVE FAUNIQUE DE MATANE
Rivière-Bersimis
Matane
Colombier
St-Ulric
St-Adelme
St-Marc-de-Latour
Baie-des-Sables
132
St-Leandre
Ste-René-de-Matane
Cascapédia
Forestville
Jardins de Métis
Grand-Métis
St-Damase
65
St-Paule
RÉSERVE FAUNIQUE DE DUNIÈRE
Ste-Anne-de-Portneuf
Mont-Joli
297
St-Noël
St-Vianney
St-Paul-du-Nord
Phare de Ste-Flavie
Price
St-Tharcisius
A
ZEC D'IBERVILLE
Longue-Rive (Sault-au-Mouton)
Pointe-au-Père
31
Ste-Luce
Ste-Angèle-de-Mérici
132
68
St-Alexandre-des-Lacs
G
Univ. du Québec à Rimouski
Rimouski
St-Blandine
Amqui
Lac-au-Saumon
62
Les Escoumins
Le Bic
20
232 234
St-Gabriel-de-Rimouski
St-Léon-le-Grand
195
Causapscal
PARC DU BIC
St-Narcisse-de-Rimouski
Luc-Humqui
138
St-Fabien
St-Valérien
Ste-Florence
77
Les Bergeronnes
132
St-Mathieu-de-Rioux
ZEC BAS-ST-LAURENT
Parc de Miguasha
Trois-Pistoles
RÉSERVE FAUNIQUE RIMOUSKI
132
Campbellton
100
Tadoussac Ferry
108
Ste-Françoise
116
RÉSERVE FAUNIQUE DE RIMOUSKI
QUÉBEC N.B.
Pointe-à-la-Croix
R.N.F. de l'Isle-Verte
296
St-Jean-de-Dieu
St-Guy
Atholville
22
42 Baie de l'Isle-Verte
L'Isle-Verte
Esprit-Saint
Flatlands
Sugarloaf
Maltais
Rivière-du-Loup
293
St-Épiphane
Lac-des-Aigles
Matapédia
Tide Head
St-Arthur
Balmora
Arsène
295
Ste-Rita
Squatec
17
Robinsonville
499
291
ZEC OWEN
Menneval
Upsalquitch
496
St-Hubert-de-Rivière-du-Loup
295
Lejeune
St-Jean-Baptiste-de-Restigouche
St-Antonin
63 185
St-Honoré-de-Témiscouata
Cabano Ferry
Whites Brook
St-Alexandre-de-Kamouraska
Green
Kedgwick
Kedgwick River
20
289 64
St-Elzéar
232
Notre-Dame-du-Lac
First L.
St-Martin-de-Restigouche
St-Pascal St-Éleuthère
61
Dégelis
Les Jardins de la République
St-Quentin
180
St-Athanase
Sully
Packington
Mt. Carleton Highest Pt. in New Brunswick 817 m
St-Bruno-de-Kamouraska
Eusèbe
17
287
Pohéné-gamook
Rivière-Bleue
Baker Brook
Edmundston
65
MOUNT CARLETON
Mt. Elizabeth 655 m
Lac-de-l'Est
42 Lac-Baker
Rivière-Verte
385
North Pole Mtn. 686 m
ZEC CHAPAIS
120
Clair
45
Ste-Anne-de-Madawaska
Nictau
Bald Pk. 640 m
Big Bald Mtn. 762 m
205
Fort Kent
Lille
Frenchville
Siegas
Grand Falls Gorge
Riley Brook
St. John
162
Van Buren
17
Black Mts. 695 m
St-Omer
St. Francis
Soldier Pond
Grand Falls (Grand-Sault)
Little S.W.
St-Pamphile
Dickey
161
EAGLE LAKE PUBLIC RESERVED LAND
Hamlin
Drummond
DEBOULLIE PUBLIC RESERVED LAND
Stockholm
105
108
Plaster Rock
New Sweden
Limestone
380
39
Three Brooks
108
ROUND POND PUBLIC RES. LAND
Eagle Lake
Square L.
Caribou
Aroostook
390
37
109
137
ALLAGASH WILDERNESS WATERWAY
Winter-ville
11
Perham
Fort Fairfield
Perth-Andover
Long Lake
Clayton Lake
Fish River Lake
Portage
Washburn
Napadogan
Churchill Lake
Mapleton
Ashland
Presque Isle
1
Kilburn
Upper Kent
Beechwood
Central N.B.
Go to 17
B
Chandler Lake
A
Go to 16
Westfield
Mars Hill
Bridgewater
Bath
Bristol
Florenceville
Parker Ridge
Napadogan
625
8
Oxbow
11
SQUAPAN

Go to 16
Go to 17

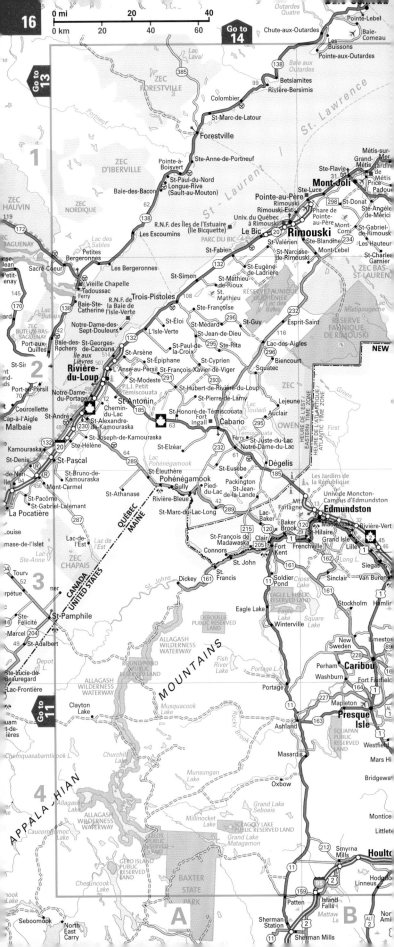

20

0 mi 20 40 60
0 km 20 40 60 80

**FOR CONTINUATION
SEE INSET ON PAGE 23**

1

Lac
Magpie

Lac aux
Deux
Loutres

Lac la
Galissonnière

Lac le
Doré

Lac
Saumur

Lac
Buit

Lac
Kleczkowski

Lac
Arthur

Lac
Boulain

Mingan

Lac
Manitou

Lac
Allard

Lac
Puyjalon

Lac
d'Ours

Lac
Costebelle

Lac
Victor

Lac
d'Auteuil

Lac
Landry

Lac
Musquaro

Rivière-
St-Jean

212

Longue-
Pointe-
de-Mingan

Mingan

Havre-
St-Pierre

138

Baie-
Johan-Beetz

148

Aguanish

Natashquan

Kegaska

RÉSERVE DE PARC NATIONAL
DE L'ARCHIPEL-DE-MINGAN

Détroit   de   Jacques-Cartier

Port-Menier

2

Lac
Wickenden

PARC
D'ANTICOSTI

Île d'Anticosti

Détroit   d'Honguedo

Go to
15

-Jaune

ivière-au-Renard

L'Anse-au-Griffon
Jersey Cove
50 Cap-des-Rosiers

PARC NATIONAL DE FORILLON

Haldimand
Cap Gaspé

St-Georges-de-Malbaie

132

Coin-du-Banc
Percé

PARC DE L'ÎLE-BONAVENTURE-
ET-DU-ROCHER-PERCÉ

-d'Espoir
Rivière
-Ouest

HEURE DE L'EST / EASTERN TIME ZONE
HEURE DE L'ATLANTIQUE / ATLANTIC TIME ZONE

3

Golfe du Saint-Laurent /
Gulf of St. Lawrence

Île Brion

4

Îles-de-la-Madeleine
(Québec)

Grosse-Île
Réserve nationale de
faune de la Pointe-de-l'Est
Old-Harry
199
Grande-
Entrée

Îles-de-la-Madeleine
Fatima
Les Caps
L'Étang-du-Nord
Gros-
Cap

Havre-aux-Maisons
Cap-aux-Meules
L'Île-d'Entrée

L'Étang-des-Caps
Bassin
Mus. de la Mer

Aquarium des Îles
Havre-Aubert

QUÉBEC
NOVA SCOTIA

Sea

Tignish
Fisherman's Haven Prov. Park
Jacques Cartier Prov. Park
berton
Cascumpec Bay
River Prov. Pk.
Poplar
Grove
Green Park
Prov. Park
pringhill

Park
Corner

QUÉBEC
PRINCE EDWARD ISLAND

Prince Edward Island

Cape Breton
Island

Pleasant
Bay

CAPE BRETON
HIGHLANDS N.P.

73

Petit Étang
Chéticamp

CABOT TRAIL

Miscouche Cavendish

PRINCE EDWARD
ISLAND NATL. PARK

Point Cross
Belle-Marche

side

Carleton
Br (Toll)
i
14

Albany

Cornwall

15

6

North Rustico
Stanhope

53

22

More
2

Charlottetown

i

Monticello

Camp
Cove

Go to
19

P.E.I.
NOVA SCOTIA

Belle Côte
Margaree Hb

and
ing

Kingross

East Point
Souris
16
Kingsboro

Margaree
Valley

Margaree Forks

A

i

B

Lacs le Tort
Lac Jonchée
Lac Maryen
Lac Lorens
Lac Montcevelles
Lac Faride
Lac Goyelle
Lac Noirclair
La Romaine

Lac de l'Île au Castor
Lac Poincaré
Wapustagamau
Lac Noyrot
Lac Coxipi
Lac Fournel

Lac Verton
Lac Ivry
St-Augustin
Pakuashipi

Lac Briçonnet
Lac Boucher
Lac Robertson
Lac Triquet
Lac Arabian
Gros-Mécatina (La Tabatière)
Tête-à-la-Baleine
Mutton Bay

Aylmer Sound
Côte-Nord-du-Golfe-du-St-Laurent (Chevery)
Harrington Harbour

Bonne-Espérance (Rivière-St-Paul)
Vieux-Fort
Midd Bay

Port au Choix N.H.S.
Port au Choix (430-28)
River of Ponds
430
Bellburns
Daniel's Harbour 217
Portland Creek
The Arches Provincial Park
Parson's Pond
Cow Head
St. Pauls
430
Sally's Cove
GROS MORNE N.P.
Gros Morne 806 m
Bear Cove
Rocky Harbour
Bonne Bay
Woody Point
Trout River
Norris Pt.
Lomond
431
Curzon Village
Upper Trout R. Pond
Adie Pon
Corma
Reidville
430 422
RANGE
Deer Lake
St. Judes
Dee Lake Arpt
50
Bay of Islands
Blow Me Down Provincial Park
Cox's Cove
Lark Harbour
McIvers
York Harbour
450 Meadows
440 Irishtown-Summerside
Humber Arm South
Steady Brook
Marble Mtn.
Mount Moriah
Sir Wilfred Grenfell Coll.
Corner Brook
Pasader
Grand Lake

HEURE DE L'ATLANTIQUE / ATLANTIC TIME ZONE
NEWFOUNDLAND TIME ZONE

Port au Port Bay
Long Point
Lewis Hill 815 m
Georges Lake
50
Black Duck Brook
Lourdes
463 463
Port au Port East
462
Fox Island River
Gallants
402
Black Duck
490 460
Mainland
Abrahams Cove
460
Kippens
39
12
Port au Port Peninsula
Cape St. George
Petit Jardin
58 Stephenville
Stephenville Crossing
Barachois Brook
St. George's
Flat Bay
St. Teresa
403
St. George's Bay
Heatherton
404
Highlands
405
Codroy Pond
Barachois Pond Prov. Park
Cormacks Lake
Lloyds
Robinsons
LONG
King George IV L.
161
148
King George IV Ecological Reserve
480
Top Pond

Cape Anguille
407
Great Codroy
Coal Brook
Searston
Codroy Valley P.P.
St. Andrew's
Doyles
Tompkins
Little Bay
Grand Bruit
Sandbanks Prov. Park
La Poile
Cape Ray
Isle-aux-Morts 45
Diamond Cove
J.T. Cheeseman Prov. Park
470
Burnt Islands
Rose Blanche-Harbour Le Cou
La Poile Bay
Burgeo
Channel-Port aux Basques
Fox Roost
Ramea

NEWFOUNDLAND & LABRADOR
NOVA SCOTIA

Cabot
to N. Sydney, NS
Strait

Meat Cove
Cape North
Bay St. Lawrence
Capstick
Aspy Bay
Dingwall
South Harbour
Neils Harbour
White Hill Highest Pt. in Nova Scotia 532 m
44
Ingonish
Ingonish Beach
SKI Cape Smokey
Wreck Cove
St. Ann's Bay
Indian Brook
Breton Cove
North Shore
Sydney Mines

77

Go to 22

B   C

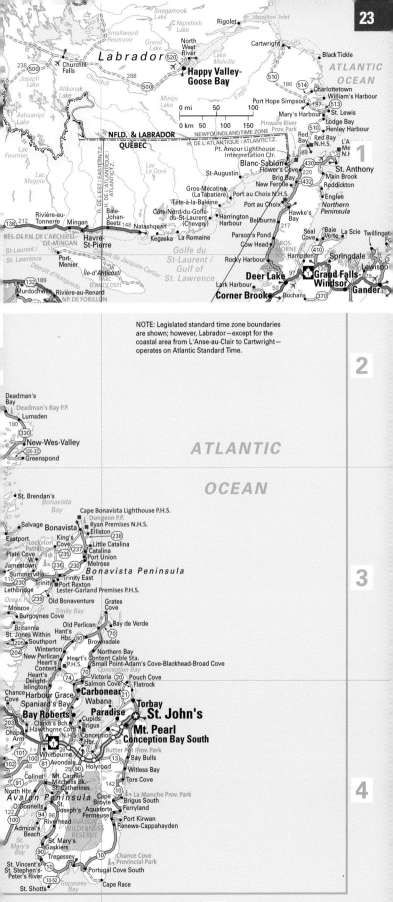

CITY MAPS / CARTES DE VILLE

Les chiffres après les entrées indiquent la population, le numéro de page et les coordonnées.

Channel-Port aux Basques–Harbour Grace

25

26   Harbour Mille–Lac-Beauport

Entries in **bold color** indicate cities with detailed inset maps.

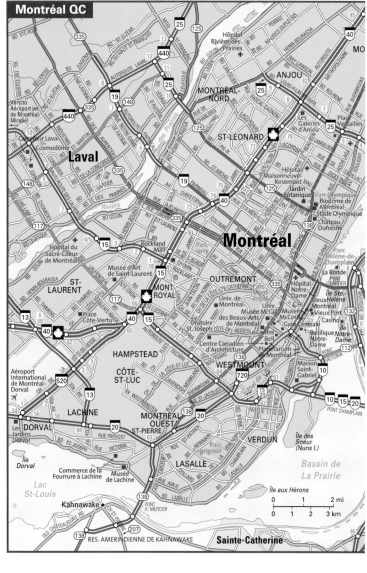

Montréal QC

Les entrées en caractères **gras et en couleurs** désignent les villes avec des cartes détaillées en médaillon.

Lac-Bouchette – Milan

27

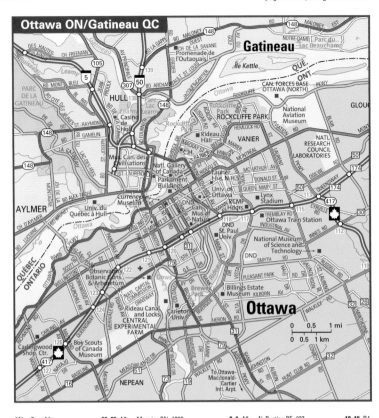

Ottawa ON/Gatineau QC

Les chiffres après les entrées indiquent la population, le numéro de page et les coordonnées.

30 St-Charles–St-Eugène

Entries in **bold color** indicate cities with detailed inset maps.

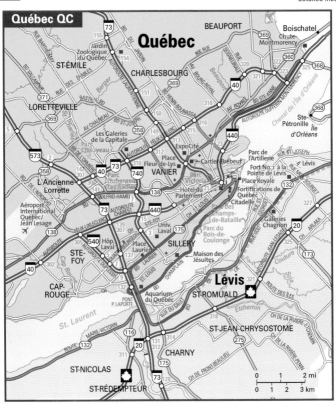

Les entrées en caractères **gras et en couleurs** désignent les villes avec les cartes détaillées en médaillon.

St-Eugène–Saints-Anges   **31**

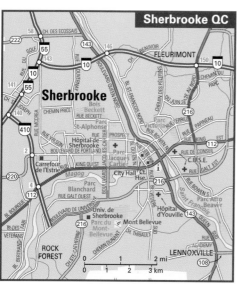

Sherbrooke QC

Sherbrooke

Fleurimont

Lennoxville

Rock Forest

32 **St-Sauveur–York Harbour**

Figures after entries indicate population,
page number, and grid reference.